# Relações públicas na contemporaneidade

CIP-BRASIL. CATALOGAÇÃO NA PUBLICAÇÃO
SINDICATO NACIONAL DOS EDITORES DE LIVROS, RJ

D836r
    Dreyer, Bianca Marder
    Relações públicas na contemporaneidade : contexto, modelos e estratégias / Bianca Marder . – São Paulo : Summus, 2017.
    160 p. : il.

    Inclui bibliografia
    ISBN 978-85-323-1060-6

    1. Relações públicas. 2. Comunicação. I. Título.

16-38167                                                 CDD: 659
                                                                   CDU: 659.1

www.summus.com.br

Compre em lugar de fotocopiar.
Cada real que você dá por um livro recompensa seus autores
e os convida a produzir mais sobre o tema;
incentiva seus editores a encomendar, traduzir e publicar
outras obras sobre o assunto;
e paga aos livreiros por estocar e levar até você livros
para a sua informação e o seu entretenimento.
Cada real que você dá pela fotocópia não autorizada de um livro
financia o crime
e ajuda a matar a produção intelectual de seu país.

# Relações públicas na contemporaneidade

Contexto, modelos e estratégias

BIANCA MARDER DREYER

summus editorial

*RELAÇÕES PÚBLICAS NA CONTEMPORANEIDADE*
*Contexto, modelos e estratégias*
Copyright © 2017 by Bianca Marder Dreyer
Direitos desta edição reservados por Summus Editorial

Editora executiva: **Soraia Bini Cury**
Assistente editorial: **Michelle Neris**
Capa: **Alberto Mateus**
Projeto gráfico: **Crayon Editorial**
Diagramação: **Santana**
Impressão: **Sumago Gráfica Editorial**

**Summus Editorial**
Departamento editorial
Rua Itapicuru, 613 – 7º andar
05006-000 – São Paulo – SP
Fone: (11) 3872-3322
Fax: (11) 3872-7476
http://www.summus.com.br
e-mail: summus@summus.com.br

Atendimento ao consumidor
Summus Editorial
Fone: (11) 3865-9890

Vendas por atacado
Fone: (11) 3873-8638
Fax: (11) 3872-7476
e-mail: vendas@summus.com.br

Impresso no Brasil

*Para Guilherme e Márcio:*
*amores da minha vida.*

# Sumário

PREFÁCIO . . . . . . . . . . . . . . . . . . . . . . . . . . . . . . . . . . . . . . . . . . . . . 9

APRESENTAÇÃO . . . . . . . . . . . . . . . . . . . . . . . . . . . . . . . . . . . . . . . . 13

INTRODUÇÃO . . . . . . . . . . . . . . . . . . . . . . . . . . . . . . . . . . . . . . . . . . 17

**1.** A SOCIEDADE DO SÉCULO XXI NA PERSPECTIVA DAS
RELAÇÕES PÚBLICAS CONTEMPORÂNEAS . . . . . . . . . . . . . . . . . . . . 21
A sociedade em rede . . . . . . . . . . . . . . . . . . . . . . . . . . . . . . . . . . 21
A sociedade da transparência . . . . . . . . . . . . . . . . . . . . . . . . . . . . 23
Transparência e confiança na sociedade do controle . . . . . . . . . . . . 30
A sociedade do espetáculo . . . . . . . . . . . . . . . . . . . . . . . . . . . . . . 30

**2.** A EVOLUÇÃO DA COMUNICAÇÃO ORGANIZACIONAL . . . . . . . . . . . . 33
Dos anos 1940 às TICs . . . . . . . . . . . . . . . . . . . . . . . . . . . . . . . . . 33

**3.** OS PÚBLICOS: CLASSIFICAÇÃO EM TEMPOS DE PLATAFORMAS
DE MÍDIAS SOCIAIS DIGITAIS . . . . . . . . . . . . . . . . . . . . . . . . . . . . 42

**4.** RELAÇÕES PÚBLICAS NA CONTEMPORANEIDADE . . . . . . . . . . . . . . 55
A atividade de relações públicas, a internet e a web . . . . . . . . . . . . 55
O campo das relações públicas e a
contemporaneidade digital . . . . . . . . . . . . . . . . . . . . . . . . . . . 73
O campo das relações públicas . . . . . . . . . . . . . . . . . . . . . . . . . . . 74

A contemporaneidade digital e a sua inter-relação
com o campo das relações públicas ........................... 78

**5.** MODELOS PARA A GESTÃO DA COMUNICAÇÃO
NAS ORGANIZAÇÕES ........................................ 85
Modelos de comunicação e modelos de negócio ...................... 85
Modelos de comunicação ...................................... 87
Novo modelo de simetria como prática bidirecional .................. 90
Modelo de gerenciamento estratégico de relações públicas .............. 92
A filosofia da comunicação integrada ............................. 94
A comunicação integrada digital ................................. 96
Modelo estabelecido *versus* modelo emergente ...................... 99
*The media cloverleaf* – Modelo de relacionamento
do ecossistema de mídia .................................. 101
*The Edelman cloverleaf forecast* – Atualização do
ecossistema de mídia e estratégias que aumentam
o ciclo de vida de uma narrativa ........................... 106
O modelo híbrido de circulação pervasiva ......................... 109
Modelo 3D de gestão da comunicação na sociedade digital ............. 111
Modelos de negócio .......................................... 116
Elementos dos modelos que caracterizam a
comunicação na contemporaneidade ......................... 131

**6.** INTERAÇÃO E VISIBILIDADE NA COMUNICAÇÃO CONTEMPORÂNEA ...... 134
A interação na comunicação contemporânea ....................... 135
Interação e visibilidade ....................................... 144

CONSIDERAÇÕES FINAIS ......................................... 150

REFERÊNCIAS ................................................. 153

# Prefácio

VIVENCIAMOS TEMPOS DE TRANSVERSALIDADES nos campos de conhecimento científico. Não podemos mais delimitar fronteiras entre as "ciências duras" e as ciências humanas e sociais. Vivenciamos a interdependência de saberes, todos reagrupados por processos cognitivos que, de alguma forma, se encontram nos códigos digitais.

A área das ciências da comunicação não está imune à cognição digitalizada. Também não está imune à digitalização dos processos de sociabilidade que dão corpo ao próprio campo. Ao contrário, a comunicação se faz presente muito além de suas fronteiras tradicionais: ocupa posição central em quaisquer processos sociais, econômicos e técnicos sustentados em código digital. Toda troca de dados, informações, conteúdos, notícias, opiniões, transações – quais sejam – exigem um processo comunicativo. E mais: um processo comunicativo que é extremamente rápido (o chamado tempo real), não hierarquizado, com efeitos imediatos e significativamente não controláveis.

O que varia nisso tudo é a relação homem-máquina estabelecida nas trocas; a relação entre as vozes e os lugares de fala nos quais ocorrem as trocas; a relação participativa e colaborativa dessas vozes e lugares; e a relação controle-transparência de todo o processo.

Seria, portanto, insensibilidade ignorarmos que as ciências da comunicação vivenciam um processo de transformação, ou melhor, uma evolução de seu *status* como campo de conhecimento, de produção acadêmica e de intervenção social.

É cada vez mais visível a integração (ecos)sistêmica das tradicionais especialidades da comunicação. É complexo pensarmos, por exemplo, numa comunicação de marca sem uma visão ecossistêmica de mensagens, públicos, imagem, peças de propagação, meios de visibilização e comercialização e formas de fidelização.

Num passado recentíssimo ainda falávamos em comunicação digital, relações públicas 2.0, jornalismo on-line e outras compartimentalizações dissociativas. Se aceitamos que a evolução está em curso, há de se entender a função da pesquisa acadêmica como um espaço de pioneirismo na caracterização dessa evolução.

É nesse sentido que direcionamos as pesquisas e atividades do Grupo de Pesquisa COM+ na Escola de Comunicação e Artes da Universidade de São Paulo (ECA-USP), do qual a autora Bianca Marder Dreyer é pesquisadora e a quem tive a honra de orientar no mestrado e no doutorado. O livro que aqui prefacio resulta de um trabalho de fôlego, iniciado em seu mestrado, que propunha uma diversificação de olhares para a compreensão da comunicação contemporânea e, mais especificamente, para a atividade de relações públicas – o espaço de comunicação entre organizações e os grupos socioeconômicos de seu entorno.

Ousamos afirmar que "RP" em tempos de cognição e sociabilidades codificadas em zeros e uns pode ser entendida como "relacionamentos com pessoas", pois integra-se a um processo comunicativo amplo e repleto de novos preceitos – a comunicação de marca virou *branding*; os líderes de opinião travestiram-se de influenciadores; o marketing privilegia a visibilidade em ambiências; engajamento é o nome contemporâneo de fidelização; mensagens publicitárias e/ou institucionais hoje denominam-se *storytelling*; campanhas transformaram-se em ações; comunicação corporativa é *social business*; o público (consumidor/cliente aí incluídos) ganhou um espectro de novas funções e denominações – usuário, audiência, persona, atores/actantes e até o nome de utente, no dizer dos portugueses. Acrescente-se ao cenário a ruptura dos modelos tradicionais e consolidados de comunicação. A linearidade da relação emissor--mensagem-receptor transforma-se num leque de possibilidades de estratégia, estrutura, planejamento e gestão das relações entre pessoas envolvidas com uma organização ou uma marca, sem nenhuma delimitação de tempo, localização, fronteiras ou culturas.

É justamente sobre tais mudanças estruturais que *Relações públicas na contemporaneidade – Contexto, modelos e estratégias* discute.

Falamos de um momento no qual fluidez e impermanências prevalecem sobre modelos fechados e preestabelecidos. Um momento no qual processos e ações comunicacionais assumem formas mutantes, adaptáveis às circunstâncias do ambiente, ou melhor, do ecossistema. No qual aspectos intangíveis de uma marca ganham valor algumas vezes maior que seu produto ou serviço.

A pesquisa realizada pela autora aprofunda-se na discussão sobre as diferentes formas de organização e gestão do (ecos)sistema de comunicação nos ambientes organizacionais. Embora didaticamente denominados modelos, o que se apresenta para os leitores como contribuição para o estudo desse campo ampliado da comunicação é um conjunto de 15 possibilidades organizativas flexíveis e adaptáveis ao ambiente socioeconômico contemporâneo.

Importante pontuar que tais modelamentos – sobretudo aqueles que têm sido utilizados em anos recentíssimos – não se restringem aos aspectos específicos do comunicar. Modelos como *media cloverleaf*, de Steve Rubel, circulação pervasiva, de Henry Jenkins, Sam Ford e Joshua Green, e cauda longa, de Chris Anderson, apresentam uma visão do negócio como um todo, no qual a comunicação e o relacionamento com pessoas são elementos centrais e condutores da estratégia e gestão de uma organização num momento em que interação e visibilidade são essenciais.

Diante desse cenário, poderíamos dizer que a mudança, para os profissionais de comunicação em geral e os relações-públicas, em especial, é irreversível?

Temos como certo que o trabalho de Bianca indica as condições de irreversibilidade de maneira didática e demonstra que os espaços para uma atuação transformada dos profissionais da área são promissores. Pode ser utilizado como referência para todos os envolvidos com o tema – professores, alunos, pesquisadores e profissionais de mercado.

Não apenas recomendo a leitura. Recomendo sua aplicação no cotidiano das organizações.

**Beth Saad**
Professora titular da Escola de Comunicações e Artes da USP e coordenadora do Grupo de Pesquisa COM+

# Apresentação

Não há momento mais oportuno para o lançamento desta publicação. Nela, Bianca Marder Dreyer nos brinda com uma atualíssima reflexão acerca do papel contemporâneo das relações públicas não apenas como disciplina comunicacional, mas como função essencial para que se estabeleça a reconexão entre indivíduos e instituições – sejam elas empresas, governos, universidades ou qualquer outra tipologia aplicável.

Ora, falar de reconexão implica entender um panorama, portanto, de ruptura de um sistema social hierárquico e vertical reconfigurado na direção da horizontalidade e no fortalecimento dos pares como pontos-chave de um panorama reticular, distribuído e progressivamente aberto.

Se o contexto muda e se torna mais complexo, cabe às organizações redefinir a maneira como dialogam com seus ecossistemas de públicos. Se, anteriormente, a imposição de narrativas e discursos era a estratégia central de comunicação para qualquer entidade, hoje o desafio consiste na obtenção, por parte dela, do direito de fazer parte de conversas amplas e sobre as quais se tem menos controle dia após dia.

Para uma empresa, por exemplo, foi-se o tempo em que o pesado investimento em mídia de massa era capaz de resolver um problema de ordem comercial ou reputacional. O valor de uma companhia é hoje, ao contrário, atribuído pelos cidadãos com base nos vários papéis que desempenham: consumidores, ativistas, funcionários, entre outros.

A força de uma marca está em sua capacidade de mostrar-se confiável e, sobretudo, manter laços com as pessoas de maneira constante – e não apenas no momento que antecede a compra de um produto ou serviço.

Na política, os sintomas também são bastante evidentes. A pluralidade e a difusão de manifestações digitais e presenciais de maneira interdependente dão amplitude a um terreno fértil para a visibilidade de discursos até então tidos como minoritários ou até mesmo ocultos. Sob o argumento de contradizer a lógica estabelecida de poder – simbolizada pelas instituições e por membros da classe política –, vários países fazem aflorar nas urnas o inesperado. Entram em cena agentes até pouco tempo tidos como improváveis nas cenas executiva e parlamentar, e ganha peso a tese de que, também nesse campo, as instituições perderam a capacidade de ser sensíveis à complexidade do mundo.

Fato esse também manifestado no panorama midiático, no qual os grandes títulos veem-se às voltas com modelos de negócio em declínio e, ao mesmo tempo, deparam com consumidores de informação cujos hábitos seguem rumo a uma curadoria cada vez mais independente, autônoma e diversificada no momento de formar opinião sobre determinado assunto. Sem falar no clássico modelo publicitário, cujo ápice é desafiado por uma economia da mídia em radical transformação e exige uma guinada em sua forma e conteúdo.

O livro de Bianca Dreyer nos oferece uma contextualização precisa e leva em consideração, também, outras duas dimensões essenciais. Uma vez reconhecido o cenário, cabe às organizações modificar suas dinâmicas comunicacionais – o que passa por quatro níveis essenciais: o reconhecimento do significado que a entidade tem a compartilhar em rede e, por meio dele, ser relevante; o desenvolvimento de práticas concretas que materializem esse núcleo de significado; a distribuição estratégica e tática condizente com o ecossistema midiático que hoje se apresenta e, por fim, a manutenção constante da capacidade dessa organização de manter-se atenta aos diálogos que estabelece para, por meio deles, seguir com um processo de aprendizado que a torne capaz de fazer sentido continuamente para a sociedade.

Antes disso, no entanto, um imperioso fundamento se apresenta: (re)conhecer os públicos, as microssegmentações nas quais as pessoas se pulverizam em torno de demandas materiais, de reconhecimento, influência, entre outras variáveis. Rotular um grupo populacional por características demográficas ou correlações igualmente superficiais, por tal razão, perde o sentido.

As relações públicas experimentam um incrível momento e a perspectiva transdisciplinar proposta por Bianca expande o conceito para um patamar ainda mais elevado e representativo. O desafio das organizações é compreender que seus respectivos valores estão cada vez mais ligados ao que a sociedade determina por meio de retribuições comerciais (compra, doação, pagamento de impostos) e reputacionais (recomendação, defesa, mobilização) e menos por uma lógica discursiva massificada e hierarquizada. Que a leitura desta importante publicação contribua, de fato, para a reconexão entre pessoas e instituições – algo tão necessário nestes efervescentes dias.

**Rodolfo Araújo**
Mestre em Comunicação, jornalista, diretor sênior de
Inteligência & Insights na Edelman Significa

# Introdução

Como contextualizar a atividade de relações públicas na contemporaneidade? Essa é a pergunta que permeia o tema central deste livro. No entanto, os questionamentos não param por aí. Qual é a ligação da sociedade em que vivemos hoje com a atividade de relações públicas? O profissional de RP deve ainda defender a transparência das organizações? Como se deu a evolução da comunicação organizacional? Existem modelos de comunicação que podem ajudar em sua gestão? Que elementos devemos considerar para planejar a comunicação em tempos de mídias sociais digitais? Como classificar os públicos no ambiente digital? O que podemos inferir sobre o futuro das relações públicas?

Tais questões surgiram porque acredito no potencial da atividade de relações públicas e nas inúmeras possibilidades de atuação do profissional nessa área. Entretanto, considero fundamental o olhar contemporâneo e resiliente para fatores que desde sempre fizeram parte de nossa atividade: o incentivo aos relacionamentos, a interação com os indivíduos, o desenvolvimento de estratégias, o uso de modelos, a visibilidade das organizações, o engajamento com os públicos, entre outros. Pensar a comunicação de uma empresa na contemporaneidade pressupõe esse olhar para a evolução da nossa atividade.

Considerando que, hoje, as pessoas têm mais acesso à tecnologia, participam ativamente das mídias sociais digitais, criam expectativas de retorno comunicativo por parte das organizações e têm espaço e autonomia para se manifestar e desenvolver conteúdo, cria-se outra demanda para que as empresas repensem suas estratégias de comunicação e relacionamento – e, com isso, participem mais ativamente do ambiente digital. Destarte, para que isso ocorra, cabe ao profissional de RP a gestão contemporânea da comunicação nas empresas e esta obra tem o propósito de contribuir para isso.

Com a chegada das tecnologias de informação e comunicação (TICs), aos poucos as organizações estão amadurecendo e assumindo uma nova postura diante de seus públicos. Porém, apenas ingressar nas plataformas digitais e portar-se como observador ou publicador de informações, mesmo que com mensagens diárias e bem criativas, não é suficiente. Os públicos esperam muito mais das organizações e querem dialogar com elas. O nosso dia a dia está mais conversacional devido ao uso dos diversos recursos e de plataformas digitais.

A essência da atividade de relações públicas – o relacionamento entre uma organização e seus públicos – continua a mesma. O que mudou, então? Mudou a forma como devemos construir esse relacionamento. As relações públicas continuam sendo a mesma atividade, porém com uma postura resiliente, compreendendo que a comunicação ocupa um lugar central na sociedade do século XXI, devendo o digital ser transversal às estratégias de comunicação.

O tema central deste livro e as respostas às perguntas feitas anteriormente estão divididos em seis capítulos. O Capítulo 1, "A sociedade do século XXI na perspectiva das relações públicas contemporâneas", apresenta algumas características da sociedade na qual vivemos hoje. Nessa parte, o leitor poderá refletir sobre temas a ser considerados na elaboração de modelos e no planejamento da comunicação para empresas.

O Capítulo 2, "A evolução da comunicação organizacional", pontua os principais acontecimentos que descrevem a trajetória desse campo. Entender essa evolução nos ajuda a compreender as transformações que as TICs trouxeram para os processos de comunicação.

O Capítulo 3, "Os públicos: classificação em tempos de plataformas de mídias sociais digitais", mostra a evolução do conceito de público até os dias de hoje, em que nos comunicamos diariamente por meio das mídias sociais digitais.

No Capítulo 4, "Relações públicas na contemporaneidade", apresentamos as diferenças entre internet e web, a evolução desta e a atividade de relações públicas diante dessa evolução; descrevemos o conceito de campo para compreender por que a área de relações públicas é dotada de um campo científico; e, por fim, refletimos sobre a contemporaneidade digital e sua inter-relação com as relações públicas.

O Capítulo 5, "Modelos para a gestão da comunicação nas organizações", descreve 15 exemplos estratégicos de comunicação e de negócios que podem ajudar o profissional de relações públicas a criar um modelo para uma empresa e a compreender as tendências da comunicação contemporânea.

Por fim, o Capítulo 6, "Interação e visibilidade na comunicação contemporânea", mostra que existem diversos tipos e formas de interação com os públicos e apresenta a relação da interação com a visibilidade para que os resultados do relacionamento entre organizações e públicos sejam cada vez melhores.

Enfim, tenho a clareza de que o conteúdo apresentado aqui contribuirá para a atividade de relações públicas na contemporaneidade e abrirá um caminho para refletirmos sobre sua evolução e inovação, o que incluirá o uso da computação cognitiva, do *Big Data*, da mobilidade, da geolocalização e da comunicação dos objetos – entre muitos outros temas que apenas reforçam a importância dos relacionamentos virtuais.

Boa leitura!

**Bianca Marder Dreyer**

# 1.
# A sociedade do século XXI na perspectiva das relações públicas contemporâneas

ESTE CAPÍTULO TEM COMO objetivo contextualizar a sociedade do século XXI. Para isso, descreveremos algumas características que compõem essa sociedade e nos ajudam a refletir sobre o que devemos levar em consideração ao elaboramos modelos de comunicação para empresas que desejam estar em sintonia com o comportamento dos públicos, bem como com a sociedade digitalizada.

Inicialmente, ressaltamos que existem diversos autores renomados que nos ajudam a entender a sociedade na qual vivemos hoje. Porém, para cumprir com os propósitos deste livro, optamos por descrever os conceitos de *sociedade em rede*, de Manuel Castells, *sociedade da transparência*, de Byung-Chul Han, e *sociedade do espetáculo*, de Guy Debord. Acreditamos que tais conceitos estão relacionados com a atividade de relações públicas na contemporaneidade e merecem a nossa mais alta estima na gestão da comunicação nas organizações.

## A SOCIEDADE EM REDE

"A sociedade em rede é a sociedade na qual vivemos." Para entender essa afirmação de Castells (2004, p. 287), faz-se necessário, de início, compreender o que é internet. De acordo com o autor, internet é sociedade, pois expressa os processos, os interesses, os valores e as instituições sociais. Ela constitui a base material e tecnológica da sociedade em rede. A infraestrutura tecnológica e o meio organizativo permitem o desenvolvimento de uma série de novas formas de relação social que não têm origem na internet, que são fruto de uma série de mudanças históricas, mas não poderiam desenvolver-se sem ela. A sociedade em rede, portanto, é "a sociedade cuja estrutura social foi construída em torno de redes de informação a partir da tecnologia de informação microeletrônica estruturada na internet" (Castells, 2004, p. 287).

Assim, a rede é a principal característica da sociedade da informação. Ela "é um conjunto de nós interconectados" (Castells, 2011, p. 566). Existem inúmeros tipos de rede: empresas, instituições públicas, igreja, família, entre outros. Tais agrupamentos e suas conexões constituem a arquitetura das relações, e o que faz que essa conexão aconteça são os fluxos ininterruptos de informação. Segundo Castells (2011, p. 527), a sociedade está construída em torno de fluxos. Para entender o poder que eles carregam, é fundamental compreender, antes, sua relação com o espaço e o tempo. O tempo intemporal, novo conceito de temporalidade criado por esse autor, "é a forma dominante emergente do tempo social na sociedade em rede porque o espaço dos fluxos não anula a existência de lugares". Dessa forma, com a tecnologia, a comunicação acontece independentemente de lugar e tempo determinados e sem anular a existência histórica destes. Por fim, o mesmo autor (2011, p. 567) explica que os fluxos são dotados, conforme suas conexões, seus conteúdos e seus nós da rede, de poder. As conexões são realizadas de acordo com os interesses de cada indivíduo ou grupo. "Os conectores são os detentores do poder."

Portanto, pensar a comunicação de uma empresa, na contemporaneidade, pressupõe compreender algumas das características da sociedade em rede, como a própria rede, a arquitetura das relações, os fluxos, o espaço, o tempo e o poder – ou seja, tudo que, até hoje, vem configurando outras formas de relação, como aquelas que se dão por meio das plataformas de mídia social di-

## A SOCIEDADE DA TRANSPARÊNCIA

A transparência é um assunto presente na atividade de relações públicas desde o seu surgimento. Em 1906, o repórter Ivy Lee e o agente de imprensa George Parker colocaram a "transparência" como premissa básica para o desenvolvimento da atividade de relacionamento com os públicos. Desde então, ela acompanha a evolução da atividade de relações públicas em seus discursos, funções e conceitos, sobretudo nas linhas de pesquisa de teóricos da corrente norte-americana.

Em 2015, o IX Congresso da Associação Brasileira de Pesquisadores de Comunicação Organizacional e Relações Públicas (Abrapcorp), realizado na Pontifícia Universidade Católica de Campinas, apresentou a transparência como assunto central de sua abertura. Diferentemente do que muitos esperavam, o assunto foi abordado de forma crítica, porém realista e honesta na opinião daqueles que entendem a transparência como algo que só fica no discurso. A conferência de abertura foi realizada pelo prof. dr. Jordi Xifra, um dos mais importantes pesquisadores e autores espanhóis no campo das relações públicas. Nas palavras de Xifra (2015),

> eu acredito que o desafio é que a transparência seja uma realidade, com todas as suas limitações. Porque a transparência absoluta é impossível. E o que as relações públicas tem de fazer é conseguir isso. Que não seja só um recurso retórico, algo falso, vazio. Mas que seja algo que se realmente possa aplicar e ajudar a fomentar, criar e manter relações de confiança com as empresas – isso são relações públicas.

Em sintonia com a afirmação de Xifra, buscamos em Byung-Chul Han (2012, p. 11) as características de uma sociedade transparente. Para o autor, "nenhum outro tema, no discurso público, é hoje tão dominante como o da transparência". Ele explica que "a exigência onipresente de transparência, que cresce até a tornar um fetiche ao mesmo tempo que a totaliza, remonta a uma mudança de paradigma que não pode ser reduzida ao âmbito da política e da economia".

Han define nove formas de manifestação dessa sociedade: a sociedade positiva; a sociedade da exposição; a sociedade da evidência; a sociedade pornô; a sociedade da aceleração; a sociedade íntima; a sociedade da informação; a sociedade da revelação; e a sociedade do controle.

A sociedade da transparência se manifesta, em primeiro lugar, como uma *sociedade positiva*. As coisas se tornam transparentes quando abandonam toda a negatividade, quando se inserem na corrente do capital, da comunicação e da informação.

Essa sociedade positiva não admite rejeição, contrariedades ou contestações por parte do outro. Han (*ibidem*, p. 12) explica que a negatividade do outro e do estranho, ou a resistência do outro, perturba e atrasa a comunicação do igual, que visa ao lucro em primeira instância. "A transparência estabiliza e acelera o sistema através da eliminação do outro ou do estranho. Esta coação sistêmica torna a sociedade da transparência uma sociedade uniformizada."

Ainda segundo Han, a linguagem transparente é formal, maquinal, operacional e destituída de qualquer ambivalência. Também não há espontaneidade no ato de comunicar. Pensando nas empresas, qual delas gostaria de ter seu discurso de transparência contestado? Qual delas gostaria de comunicar um projeto social, por exemplo, e ser questionada a respeito dos resultados em relação à população beneficiada? Nem sempre a palavra "transparência" está presente no discurso da organização ou inserida em seus valores; porém, quando questionadas, as empresas alegam ser transparentes em suas mais diversas ações. Transparência é sinônimo de "ser honesto", de não ter "nada a esconder" e de "tudo comunicar".

## TRANSPARÊNCIA E VERDADE NA COMUNICAÇÃO CONTEMPORÂNEA

O discurso das empresas deve ser transparente ou verdadeiro? Se retomarmos o histórico da atividade de relações públicas, possivelmente vamos deparar com a seguinte resposta: o discurso das empresas deve ser transparente e o profissional de relações públicas deve zelar por esse discurso perante os públicos.

Entretanto, Han (2012) defende que transparência e verdade não são palavras idênticas e nem mesmo carregam significados próximos. Transparência, como vimos, é positividade. É quando uma empresa, por exemplo, comunica apenas seus resultados positivos, agradando aos públicos e reforçando sua boa imagem. O resultado de relatórios, projetos sociais e balanços, entre outros, serve para ilustrar. Dificilmente veremos algum resultado que não seja satisfatório sendo comunicado.

Verdade, por outro lado, é negatividade, pois questiona tudo aquilo que não é percebido como verdade. Nesse caso, é quando uma empresa reconhece que o resultado de determinado projeto não foi bom. Ela aceita as críticas e responde publicamente por elas. Outro exemplo é quando, no lançamento de um novo produto ou serviço, algo dá errado e os públicos reagem postando fotos e escrevendo comentários negativos nas mídias sociais digitais. A empresa não deleta os comentários e ainda responde a cada um deles.

Dessa forma, a comunicação transparente é positiva, porém não é verdadeira.

Por fim, Han (2012, p. 20) explica que o valor da sociedade positiva é medido exclusivamente em termos de quantidade e de velocidade da troca de informação. Proporcionar mais informação ao público não significa que a empresa está sendo verdadeira em suas ações. Falta sentido no que está sendo comunicado. Falta também intensidade. "A hiperinformação e a hipercomunicação documentam a falta de verdade e, até mesmo, a falta de ser."

A segunda forma de manifestação da sociedade da transparência é a *sociedade da exposição*. Para Han (*ibidem*, p. 21), "só quando são vistas as coisas assumem um valor". Por coisas entendem-se produtos e serviços de uma empresa, ou o próprio rosto humano exposto nas mídias sociais digitais.

O mesmo autor (*ibidem*, p. 22) afirma que "a época do Facebook e do Photoshop torna o 'rosto humano' uma face que se dissolve por completo no seu valor de exposição". Por fim, "na sociedade exposta, cada sujeito se torna o seu próprio objeto de publicidade. [...] A economia capitalista submete tudo à coação da exposição" (*ibidem*, p. 24).

A terceira forma de manifestação da sociedade da transparência é a *sociedade da evidência*. De acordo com Han (*ibidem*, p. 29), "a evidência não admite sedução, mas somente um procedimento". Ainda segundo o autor,

os sedutores servem-se de uma linguagem que multiplica as significações, porque não se sentem vinculados pelas normas da seriedade e da simetria. Em contrapartida, as práticas "politicamente corretas" exigem transparência e renunciam a ambiguidades, com o fim de garantirem as maiores liberdade e igualdade contratuais possíveis, fazendo com que o tradicional nimbo retórico e emocional da sedução rode no vazio.

As normas da simetria, aqui, se referem às relações mecânicas e superficiais. Consideramos tais normas diferentes de uma comunicação que multiplica as significações, como aquela que defendemos ser a melhor para uma empresa exercer com seus públicos na contemporaneidade.

A *sociedade pornô* é a quarta forma de manifestação da sociedade da transparência. Diferentemente da sociedade da evidência, a pornô tudo expõe em benefício do capitalismo. De acordo com Han (2012, p. 41), "o capitalismo exacerba o processo pornográfico da sociedade, na medida em que tudo expõe como mercadoria, entregando-o à hipervisibilidade".

A quinta forma de manifestação da sociedade da transparência é a *sociedade da aceleração*. Segundo Han (*ibidem*, p. 48), "a sociedade da transparência elimina todos os rituais e cerimônias, na medida em que estes não podem se tornar operacionais, porque são um obstáculo à aceleração dos ciclos da informação, da comunicação e da produção". Para entender o exemplo do autor, podemos pensar nos eventos que muitas vezes o profissional de RP planeja para um projeto de relacionamento institucional, de lançamento de produto, entre outros. Nesse caso, é como se tais eventos fossem cancelados ou relegados a segundo plano em função de outros projetos que precisam ser realizados em pouco tempo.

A *sociedade íntima* é a sexta forma de manifestação da sociedade da transparência. Para explicá-la, Han (*ibidem*, p. 53) faz uma comparação entre o mundo do século XVIII e a modernidade. No século XVIII, o mundo é um "teatro do mundo". Segundo o autor, "a comunicação passa através de formas rituais e de signos, e isso alivia a alma. Na modernidade, renuncia-se cada vez mais a distância teatral em proveito da intimidade".

Ainda segundo o mesmo autor (idem), o mundo hoje é um mercado onde se expõem, vendem e consomem intimidades. "O teatro é um lugar de representação, enquanto o mercado é um lugar de exposição."

Na sociedade íntima, as mídias sociais digitais potencializam a positividade das atitudes e dos discursos, pois apresentam "o mundo a seu gosto". Verificamos isso nas redes sociais das quais fazemos parte, nas pesquisas que realizamos na internet e naquilo que curtimos no ambiente digital. Para Han (*ibidem*, p. 54), esse ambiente é "um espaço onde nos encontramos somente as nós mesmos e aos que se assemelham a nós. Não há qualquer negatividade que torne uma mudança possível". Nesse sentido, o ambiente digital "desintegra a esfera pública, a consciência pública, a crítica, e privatiza o mundo. A rede transforma-se numa esfera íntima, ou numa zona de bem-estar".

A sétima forma de manifestação da sociedade da transparência é a *sociedade da informação*. Para Han (2012), a informação é um fenômeno da transparência, uma vez que é desprovida de toda negatividade. Como vimos, trata-se de uma linguagem positiva e operacional. Nesta sociedade, é importante entender por que o poder e a atenção não coincidem.

### PODER E ATENÇÃO NA SOCIEDADE DA INFORMAÇÃO

Por que o poder e a atenção não coincidem? E, ainda, o profissional de relações públicas deve fazer a gestão da comunicação para obter poder ou atenção dos públicos?

Han (2012, p. 60) explica que "quem tem o poder tem o outro, o que torna supérfluo visar à atenção. E esta última não gera automaticamente poder".

Dessa forma, o profissional de relações públicas, ao desenvolver um projeto para uma empresa, deve se preocupar em obter a atenção dos públicos, pois o poder da comunicação, após o advento das tecnologias de informação e comunicação (TICs) e, principalmente, a Web 2.0, passou a ser compartilhado entre as organizações e seus públicos. Assim, como obter a atenção destes? Para Han (*ibidem*, p. 60), por meio da exposição. Ele explica que "expor ou exibir não servem primariamente à aquisição de poder. Nelas, não é o poder que se aspira, mas sim a atenção". Indo além das palavras do autor, podemos dizer que a exposição inicial gera visibilidade para as empresas, mas esta só perdurará no ambiente digital se houver interação.

A *sociedade da revelação* é a oitava forma de manifestação da sociedade da transparência. A exposição voluntária do indivíduo na rede tudo revela. Soma-se a isso a "digitalização" da vida humana que praticamente tudo mostra. Como diz Han (2012, p. 66), "o 'vento digital' da comunicação e da informação tudo penetra e tudo torna transparente. Sopra através da sociedade da transparência".

Por último, a *sociedade do controle*. Para entendermos essa característica da sociedade da transparência, Han (*ibidem*, p. 67-68) retoma o panóptico de Bentham, uma proposta de instituição carcerária com regras de funcionamento.

> O panóptico de Bentham é uma manifestação da sociedade disciplinar, um dispositivo correcional. São submetidos ao controle panóptico as prisões, as fábricas, os manicômios, os hospitais, as escolas, que são instituições típicas da sociedade disciplinar.

As características do panóptico desse período são a centralidade e a transparência unilateral. As pessoas são vigiadas por um centro único. Já o panóptico do século XXI, digital, é desprovido de perspectiva, não é vigiado por um centro único e as pessoas são controladas de todos os lados e de cada um. Portanto, desaparece por completo a distinção entre centro e periferia.

Han (2012, p. 68) explica que a atual sociedade do controle tem estrutura panóptica.

> Ao contrário dos habitantes isolados uns dos outros do panóptico de Bentham, os seus moradores conectam-se e comunicam intensamente entre si. O que garante a transparência não é a solidão através do isolamento, mas a hipercomunicação. A peculiaridade do panóptico digital está sobretudo no fato de os próprios habitantes colaborarem de maneira ativa na sua construção e na sua conversação, na medida em que eles próprios se exibem e se desnudam.

Transparência e poder acompanham a evolução da sociedade do controle. Antes do ambiente digital, a transparência e o poder eram unilaterais. Portanto, em relação às empresas, o discurso da transparência era inquestionável e o poder de comunicar estava apenas com elas. Hoje, o poder da comunicação é compartilhado com os públicos e a transparência pode ser questionada. No entanto, no ambiente digital, o que garante a transparência é a hipercomunicação. Vivemos em um período de excesso de comunicação, de informação, de exposição; disso resulta a superficialidade das relações e da própria comunicação. Dessa forma, o que assegura muitas vezes um discurso da transparência é justamente o excesso de comunicação e a consequente falta de atenção, de intensidade e de tempo dos indivíduos que "recebem" determinada informação.

## TRANSPARÊNCIA E CONFIANÇA NA SOCIEDADE DO CONTROLE

Diante desse cenário, como devemos proceder na sociedade contemporânea? Ainda devemos promover um discurso voltado para a transparência das organizações? De acordo com Han (2012, p. 70), a transparência é um estado no qual, teoricamente, sabemos tudo sobre o outro, sobre uma organização. Assim, para que precisamos de confiança? Esta, ao contrário,

> só é possível num estado intermédio entre saber e não saber. Confiança significa: apesar do não saber em relação ao outro, construir com ele uma relação positiva. A confiança torna possíveis ações apesar da falta de saber. Quando sei tudo antecipadamente, a confiança é desnecessária.

Portanto, para que uma empresa possa construir vínculos com os públicos na contemporaneidade, o mais indicado é que seu discurso se apoie na confiança e não na transparência.

## A SOCIEDADE DO ESPETÁCULO

A sociedade do espetáculo é uma crítica à moderna sociedade de consumo e à eclosão e consolidação dos meios de comunicação de massa. O conceito é de Guy Debord e, embora sua obra original remonte a 1967, permanece atual. De acordo com o autor

(1997, p. 11), "a raiz do espetáculo está no terreno da economia que se tornou abundante, e daí vêm os frutos que tendem afinal a dominar o mercado espetacular". Ainda segundo ele (*ibidem*, p. 13), "toda a vida das sociedades nas quais reinam as modernas condições de produção se apresenta como uma imensa acumulação de espetáculos. Tudo o que era vivido diretamente tornou-se uma representação".

Ao retomarmos a sociedade em rede e a sociedade da transparência, percebemos as inúmeras similaridades com a sociedade do espetáculo. Para Debord (*ibidem*, p. 16), "o espetáculo se apresenta como uma enorme positividade, indiscutível e inacessível. Não diz nada além de: o que aparece é bom, o que é bom aparece". O discurso da transparência, como vimos, segue a mesma linha. Além disso, o espetáculo, na atualidade, acontece por meio das diversas plataformas digitais que configuram a vida na sociedade em rede.

Segundo Debord (*ibidem*, p. 14), em 1967 o espetáculo constituía o modelo da vida dominante na sociedade. Essa mesma afirmação, atualmente, em tempos de mídias sociais digitais, tem a mesma representatividade. "O espetáculo não é um conjunto de imagens, mas uma relação social entre pessoas, mediada por imagens."

Sobre essa relação entre pessoas mediadas por imagens, Karhawi (2015), em artigo sobre a espetacularização do eu e as *selfies*, apresenta os motivos que levam o sujeito contemporâneo a se expor, cotidianamente, em autorretratos postados nas redes sociais digitais. A autora apresenta uma evolução dos regimes de visibilidade "aos quais o homem teve que se submeter no processo da construção de seu próprio eu" (*ibidem*, p. 2): Era Medieval, Idade Média e Idade Moderna. Na Era Medieval, o destino do homem cabia a Deus. Portanto, o regime de visibilidade está sob o olhar do divino, da Igreja, da Bíblia. Na Idade Média, não apenas o que se expõe está sujeito ao regime de visibilidade do divino, mas também o que se decide guardar para si, como pensamentos e sentimentos. Na Idade Moderna ocorre o enfraquecimento da Igreja e o homem aparece como "o centro do mundo" e não mais como parte de uma engrenagem divina. Começa a despontar a noção de individualidade, que resulta dessa liberdade e ausência de referências externas" (*ibidem*, p. 4). De acordo com Karhawi (*ibidem*, p. 7), "o regime de visibilidade do espetáculo – o olhar espetacular sobre o sujeito – é o primórdio de um regime que vivenciamos na contemporaneidade, do qual somos produto, consequência".

As *selfies* são características da sociedade contemporânea em rede, pois se tornam visíveis nas diversas plataformas de mídias sociais digitais. São parte da sociedade da transparência, pois o indivíduo que as posta nas suas redes sociais, além de se expor, tem uma expectativa de retorno "positivo" – seja por meio de *likes*, reações ou comentários –, torna parte de sua intimidade evidente, informa e revela sobre si. A *selfie* é um tipo de mercadoria inserida na corrente do capital. Por fim, também constitui a sociedade do espetáculo, na medida em que também representa o próprio espetáculo.

De acordo com Karhawi (*ibidem*, p. 14), "o sujeito das *selfies* construiu-se sob um regime de visibilidade midiática espetacular em que ser visto é existir. Em que a vida é mediada por imagens". As *selfies* são marcas de nosso tempo.

Esse tempo é o tempo do espetáculo. Segundo Debord (1997, p. 18), é o tempo da degradação do ser para o ter e o parecer. Pois "o cerne do espetáculo é fazer ver" (Karhawi, 2015, p. 8).

É importante ressaltar aqui que a sociedade do espetáculo merece atenção especial pela atualidade de seus conceitos e por sua resistência ao tempo. No entanto, da mesma forma que fizemos com os outros dois conceitos apresentados, nosso objetivo foi descrever algumas características que compõem a sociedade na qual vivemos e contribuir para a atividade de relações públicas na contemporaneidade. Dessa forma, tais conceitos devem ser aprofundados em estudos mais específicos.

# 2.
## A evolução da comunicação organizacional

DEPOIS DE DESCREVERMOS ALGUMAS características que contextualizam a sociedade do século XXI, o presente capítulo tem como objetivo retratar a evolução da comunicação organizacional. Entendemos as organizações como objeto intrínseco à essência da atividade de relações públicas e fundamental para compreendermos a prática da profissão na contemporaneidade.

### DOS ANOS 1940 ÀS TICS

A comunicação organizacional, hoje importante disciplina nos cursos de Comunicação, vem evoluindo e ampliando sua atuação principalmente após a chegada das tecnologias de informação e comunicação – as TICs. O objetivo aqui não é fazer uma retrospectiva detalhada, mas pontuar algumas das importantes rupturas sofridas nesse campo até chegar ao que entendemos como comunicação organizacional na contemporaneidade.

De forma resumida e com base na obra organizada por Kunsch (2009b), podemos dizer que os estudos de comunicação organizacional tiveram início nos Estados Unidos, no final da década de 1940, com raízes em diversos campos, entre eles os da administração e das teorias das organizações. Até 1950, tais estudos eram direcionados para a comunicação industrial, de negócios e entre gerências nos ambientes empresariais. A ideia era que a comunicação instruísse o discurso corporativo.

Entre 1950 e 1960, quase nada mudou, pois o foco permanecia na comunicação de negócios, principalmente interna entre superiores e subordinados. Nesse período, ainda não existia de forma clara uma preocupação com a comunicação entre a empresa e seus demais públicos. Ela se dava fortemente entre os gestores, tendo caráter burocrático e vertical. Podemos dizer que era uma comunicação de mão única e sem a preocupação com o receptor, pois o foco estava no emissor. Foi com o surgimento das primeiras teses de doutorado e o aumento do número de pesquisas que os estudos da comunicação organizacional passaram a ser aprofundados. Em 1952, nos Estados Unidos, foi defendida a primeira tese na área; a partir dessa data, muitas outras surgiram ampliando os estudos sobre o tema. Dessa forma, além da comunicação de negócios, os estudos nesse período também se centravam na comunicação industrial, assim como nas habilidades comunicativas, na eficácia dos meios de comunicação utilizados e nas relações humanas.

Nas duas décadas seguintes, entre 1960 e 1980, o foco da comunicação estava nos aspectos administrativos e na visão instrumental da comunicação em um formato um pouco mais abrangente que nos anos anteriores. Estudavam-se canais formais e informais entre superiores e subordinados.

Bueno (2003), ao tratar da evolução do conceito voltado especificamente para as empresas brasileiras, explica que, antes da década de 1970, as atividades de comunicação eram absolutamente fragmentadas. Não havia um departamento ou área e nem mesmo um comunicólogo para gerenciá-la, ou seja, qualquer funcionário poderia exercê-la, pois os primeiros cursos de comunicação no Brasil ainda estavam sendo criados. No entanto, a publicidade vigorava no rádio e na mídia impressa e começava a ganhar espaço na televisão.

Por outro lado, nesse período as empresas multinacionais já tinham seus departamentos de relações públicas e relações industriais estruturados. Com o processo de industrialização e o desenvolvimento da economia brasileira, as experiências das multinacionais foram vagarosamente introduzidas nas empresas brasileiras.

Se refletirmos a respeito dos últimos 30 anos, podemos dizer que uma das grandes mudanças deu-se em relação ao direcionamento da comunicação organizacional, cujo modelo de emissão passou para o de recepção na década de 1970. As atenções se voltaram para o receptor, pois estudos mostraram o surgimento da comunicação interna e dos princípios da comunicação humana.

Os anos 1970 apontaram para a implantação de uma cultura de comunicação nas empresas. Os profissionais passaram a ser contratados e as áreas específicas surgiriam nas médias e grandes companhias privadas, mas com atividades de comunicação bem pontuais (Bueno, 2003).

A perspectiva linear da comunicação dominou os estudos até a década de 1980. Nos anos seguintes, outros aspectos passaram a ser considerados, como a cultura, a interação entre as pessoas e os processos simbólicos (Kunsch, 2009b). Além disso, novos estudos estavam sendo realizados com base nos tradicionais já apresentados e a comunicação organizacional avançava como disciplina. Nesse período, já existiam comunicólogos de formação, inclusive trabalhando nas grandes corporações. Porém, a comunicação ainda era trabalhada de forma mais pontual e por segmentos.

Do ponto de vista da comunicação empresarial brasileira, é importante ressaltar uma experiência que marcou época: "a abertura das portas" da Rhodia, com a elaboração de sua Política de Comunicação Social. De acordo com Bueno (2003, p. 7), "tratava-se de iniciativa pioneira no mercado, porque, antes dela, nenhuma outra empresa ou entidade havia sistematizado e tornado público o seu projeto de comunicação". Esse acontecimento influenciou a década seguinte, como veremos mais adiante. Além disso, é por volta de 1985, com a reabertura política do Brasil, que as empresas passaram a entender melhor a necessidade de ser transparentes e democráticas nas suas relações com a sociedade (Kunsch, 1997).

A década de 1980, segundo Álvarez (2013), foi conhecida como o período dos instrumentos de comunicação, pois as empresas pensavam e criavam ferramentas de acordo com suas estratégias pontuais. Diferentes segmentos, como de produção, distribuição, consumo e até a política, desenvolviam diferentes ações de comunicação voltadas para seus públicos específicos. Nesse período, já se percebe o planejamento da comunicação de acordo com o público de cada segmento, mesmo que de forma restrita. O olhar volta-se para o receptor da mensagem.

Também foi nessa época que despontou o trabalho das agências de comunicação, que ajudavam as empresas na criação de pesquisas para os públicos internos e externos, em programas de fidelização de clientes, nas relações com a mídia, na responsabilidade social corporativa, em projetos voltados a patrocínios, entre muitas outras ferramentas que possibilitavam o relacionamento com os públicos desejados. Segundo Álvarez (2013), é um período em que a comunicação é composta por instrumentos de gestão; possibilidades de comunicar mais baratas que as da publicidade convencional; maneiras mais direcionadas e objetivas de atingir o público. É importante destacar aqui que, embora a elaboração da comunicação empresarial tenha evoluído, ela ainda não tinha, para as corporações, a função estratégica demonstrada nos anos 1990, ou seja, não fazia parte do negócio da empresa de forma global. Era concebida como uma série de instrumentos e ferramentas a serviço dos objetivos específicos das corporações.

No início da década de 1990, o papel da comunicação nas organizações começou a mudar consideravelmente, deixando de ser um adendo ou valor adicionado para ocupar posição estratégica e fundamental para os negócios das corporações. Como explica Álvarez (2013), o valor do imaterial e do intangível passou a ser considerado e a comunicação deixou de ser apenas uma ferramenta do marketing, de recursos humanos ou de qualquer outra área para assumir uma função estratégica de desempenho. O ato de relacionar-se com os diferentes públicos tornou-se o processo-chave e os gestores de comunicação começaram a ser cobrados por essa tarefa. Índices de imagem, reputação e valor da marca também eram responsabilidade desse profissional. Nesse período a gestão da comunicação avança em três aspectos, conforme expõe Álvarez (2013, p. 22):

1. A gestão da reputação e dos intangíveis.
2. As relações diretas com os públicos objetivos (acionistas, mídia, governo etc.) sujeitas à revolução tecnológica e às TICs e o salto a um mundo pós-midiático.
3. O estabelecimento de índices de valorização da comunicação.

Dessa forma, o próprio planejamento da comunicação ganha em amplitude, exigindo dos profissionais um olhar mais estratégico, voltado para o negócio e para as ações de relacionamento com os públicos.

Somam-se a essa evolução da comunicação organizacional, ocorrida entre os anos 1980 e 1990, o fenômeno da globalização e a chegada das TICs, que acabaram por revolucionar a maneira de atingir os públicos. A mudança não foi radical. Ela tem acontecido ao longo dos anos e pouco a pouco alterado e, principalmente, complementado a tradicional forma de comunicar.

O início dos anos 2000 trouxe importantes definições para a comunicação organizacional. A área desenvolveu uma identidade interdisciplinar e tornou-se um campo de perspectivas múltiplas por seus métodos, teorias, âmbitos de pesquisa e postulados filosóficos. Os estudos voltaram-se para as teorias da comunicação, ao passo que nos anos anteriores o foco era mais organizacional (Kunsch, 2009b).

Do ponto de vista da gestão da comunicação organizacional, as mudanças foram ainda mais profundas e desafiadoras, pois "assistimos a um processo jamais visto de inovação/absorção de tecnologias para alavancar a comunicação humana muito perto do incontrolável" (Corrêa, 2009, p. 318). Tornou-se necessário pensar na forma de comunicar incluindo os aspectos digitais. Nesse período, Álvarez (2013) fala em perspectivas de um modelo de gestão digital de referência, assim como Corrêa (2009) reflete sobre os aspectos-chave das inovações tecnológicas ocorridas no campo da comunicação para ambientes corporativos. O que Álvarez apontou como tendência para esse período hoje já entendemos como parte das características da sociedade contemporânea e das estratégias das empresas. O autor apresentou sete itens que comporiam as próximas etapas da comunicação empresarial e aqui mostraremos de forma resumida:

1. O mercado será entendido como globalmente digital. O que antes era local, limitado por fronteiras, voltado para as massas e com estruturas rígidas de médio e longo prazos será substituído por um mercado que responde a uma base de informação, de fluxos de comunicação, a uma economia e cultura globais. Viveremos em uma sociedade com mobilidade generalizada que exigirá novas linguagens e formas de comunicar.

2. O mercado será voltado para o "autosserviço" e submetido ao controle dos consumidores.

3. O modelo de negócio na comunicação será movido por novos parâmetros: focos de financiamento diversificados e não apenas na publicidade convencional; tecnologias individuais e dominadas pela rede e pelas telas como terminais de uso e interação – tais telas mediarão os encontros e a relação direta entre empresas e públicos; ferramentas próprias de uma sociedade que não é mais de massa, nem de marketing, nem de publicidade, e sim de "mensageiro mídia", o que nos faz lembrar do conceito de "usuário mídia" de Terra (2010); conteúdos direcionados para plataformas móveis.

RELAÇÕES PÚBLICAS NA CONTEMPORANEIDADE

4. As técnicas de gestão serão determinadas pelos públicos, ou seja, as empresas terão de entender as "sensações" do mercado. O trabalho mais importante estará em detectar as expectativas e ilusões para, depois, planejar a comunicação. Terão primazia o uso das telas como canal dominante de mercado, o uso da publicidade em meios off e on-line, a publicidade convencional em meios convencionais e o uso do marketing viral e das plataformas de mídias sociais digitais.

5. As TICs possibilitarão compartilhar qualquer coisa a qualquer momento e em qualquer lugar.

6. A web continuará determinando que aquilo que uma pessoa faz é mais importante do que o que ela diz. Trata-se de uma socialização transparente em que todos, inclusive os concorrentes, sabem o que cada um diz e faz. E os consumidores agradecerão essa socialização.

7. O crescimento dos nichos de mercado só poderá ser social mediante comunidades em rede, com a proliferação das plataformas sociais e das exigências das pessoas que necessitam ser ouvidas.

O autor foi assertivo quando elaborou esses sete itens como tendências a partir do início de 2000, pois atualmente já identificamos praticamente todos eles nos processos de comunicação de muitas empresas. Segundo Álvarez (2013, p. 25), os projetos de lançamento de novos produtos da Apple, por exemplo, já fizeram uso desse conteúdo. Segundo ele, "são exemplos para entender o mundo da gestão que virá".

Como vimos, Corrêa (2009) também reflete sobre os aspectos-chave das inovações tecnológicas ocorridas no campo da comunicação para ambientes corporativos. Segundo a autora, a informação passa a ser matéria-prima da comunicação em um sistema digitalizado e intangível que nasce com a chegada das TICs aos ambientes corporativos. Da mesma forma, assistimos à quebra dos limites entre os espaços individuais e organizacionais e a diluição do limite entre as esferas pública e privada. Tudo isso em ambientes sem fronteiras geográficas, culturais e de tempo. Surgem novos fluxos e processos comunicacionais e as pessoas, pertençam ou não aos ambientes corporativos, têm seu protagonismo potencializado e sua forma de comunicar transformada. Assim, a autora (*ibidem*, p. 319) aponta como as principais características dos ambientes digitalizados "a multiplicidade e a não linearidade das mensagens, a flexibilização do tempo e a virtualização dos relacionamentos e intercâmbios". A consequência é "uma espécie de digitalização dos significados coletivos" (idem).

Podemos dizer que, desde o começo dos estudos, em 1940, até a década atual, o campo evoluiu de forma significativa. Terra (2011, p. 22) resume bem a comunicação organizacional digital:

> seguindo a evolução da comunicação de massa, passando dos meios impressos aos eletrônicos e, mais recentemente, aos digitais, a comunicação organizacional incorpora uma vasta lista de ferramentas que vão da intranet à televisão via satélite, agora a televisão digital, aos blogs, microblogs, chats, podcasts, entre outras. A soma desse ferramental digital que informa, treina e motiva públicos ligados à organização é o que se denomina comunicação organizacional digital.

Além da evolução dos aspectos corporativos da comunicação, é de suma importância sua evolução na qualidade de disciplina, pois a comunicação organizacional desenvolveu uma identidade interdisciplinar e passou a ser considerada um campo de perspectivas múltiplas, como vimos anteriormente.

Para concluir, a Figura 1 resume os principais acontecimentos de cada período. É pertinente explicar que estamos tratando da comunicação nas organizações, por isso a retrospectiva apresentada aborda com mais detalhes os acontecimentos comunicacionais que explicam essa trajetória.

Conclusão: a partir de 2000 a comunicação organizacional toma novos rumos estratégicos e voltados para a comunicação digital.

Figura 1 – A evolução da comunicação organizacional.

# 3.
# Os públicos: classificação em tempos de plataformas de mídias sociais digitais

O PRESENTE CAPÍTULO TEM como objetivo mostrar a trajetória dos públicos em relações públicas apresentando as diferentes visões do conceito até os tempos de comunicação nas mídias sociais digitais. Entendemos os públicos, assim como as organizações, como objetos intrínsecos à essência da atividade de relações públicas. Iniciaremos com a definição de público por autores clássicos da área e depois partiremos para conceituações mais voltadas para a comunicação digital.

Pesquisadores acadêmicos e profissionais do mercado apontam o público como fundamental para as relações públicas. Fábio França (2012) descreve público como objeto específico de relações públicas. Segundo Kunsch (2003), as organizações necessitam se identificar perante um público consumidor cada vez mais exigente e faz parte do trabalho de relações públicas conhecer esse público diante da dinâmica do ambiente, levando em conta as contingências, as ameaças e as oportunidades advindas do universo social e organizacional. França (2012, p. 10) também diz que "os manuais são unânimes ao afirmar que é fundamental identificar os públicos, conhecê-los e saber lidar com eles, a fim de que as organizações sejam bem-sucedidas nesse relacionamento". Somam-se a isso, depois do advento das TICs e da Web 2.0, como veremos no Capítulo 4, as significativas alterações sofridas pelo conceito de público.

Dessa forma, independentemente de classificações, a importância dos públicos na atividade de relações públicas é fundante, visto que também é parte da essência da atividade. Mas como classificá-los na atualidade diante dos projetos que são elaborados ou dos modelos de comunicação e de negócios? Ou, ainda, como identificá-los, selecioná-los e caracterizá-los diante de uma sociedade em que o mesmo indivíduo pode ocupar o lugar de diferentes públicos?

A resposta para essas perguntas já vem sendo discutida há anos e parece ser ainda difícil para muitos teóricos. A visão mais tradicional e bem conhecida nos cursos de Comunicação divide os públicos em interno, externo e misto.

Público interno, para França (2012, p. 36), é "aquele que apresenta claras ligações socioeconômicas e jurídicas com a empresa onde trabalha, vivenciando suas rotinas e ocupando espaço físico da instituição". Como exemplo, podemos citar o grupo de funcionários que trabalham em uma empresa. Parece simples, até avaliarmos quantos grupos diferentes existem com o mesmo vínculo na empresa. O autor afirma que as definições, em geral, demonstram confusão, colocando diversos públicos na mesma categoria. É o caso, por exemplo, de diretores, empregados, fornecedores, acionistas, familiares de empregados, entre outros.

Já o público externo, segundo o mesmo autor (*ibidem*, p. 38), é aquele que "não apresenta claras ligações socioeconômicas e jurídicas com a empresa, mas interessa à instituição por objetivos mercadológicos, políticos e sociológicos". Apesar de notar maior coerência nas definições de público externo, o autor acredita que elas ainda são muito abrangentes.

Por fim, público misto é aquele que apresenta claras ligações socioeconômicas e jurídicas com a empresa, mas não vivencia as rotinas da instituição nem ocupa seu espaço físico. São os familiares dos empregados, fornecedores, acionistas, entre outros.

Essa divisão de públicos em interno, externo e misto já foi bastante citada e tem perdido força nos últimos anos. Segundo Simões (1995), tal divisão não foi contestada na visão anterior de relações públicas (apesar de sua restrita utilidade para a elaboração de diagnósticos e prognósticos da dinâmica da relação). O autor os considera insuficientes para caracterizar o tipo de relação público-organização. Para ele, o critério de categorização de públicos deve ser o poder: "É imprescindível identificá-los, analisá--los e referenciá-los quanto ao poder que possuem de influenciar os objetivos organizacionais, obstaculizando-os ou facilitando-os" (*ibidem*, p. 131).

Com base na literatura francesa de relações públicas, Simões apresenta a tipologia de público de Lucien Matrat[1], que classificava os públicos de acordo com o tipo de poder. Resumidamente, são quatro tipos: decisão, consulta, comportamento e opinião.

No primeiro tipo (decisão) estão os públicos cuja autorização ou concordância permite o exercício das atividades organizacionais. Exemplo: o governo.

No segundo tipo (consulta) estão os públicos que são sondados pela organização quando esta pretende agir. Os acionistas são um exemplo.

O terceiro tipo (comportamento) constitui aqueles que podem impedir, complicar ou facilitar uma decisão da organização. São exemplos os funcionários e os clientes.

Finalmente, o quarto tipo (opinião) constitui os que influenciam a organização pelo simples fato de emitir opiniões. São o que chamamos de formadores de opinião.

Na mesma linha, França (2012) também questiona a conceituação tradicional ao dizer que tal divisão em interno, externo e misto não satisfaz as condições atuais de relacionamento das organizações e de seus públicos.

De fato, concordamos com os autores, principalmente se pensarmos nas transformações da comunicação organizacional após o advento das TICs. Como deverá ser o trabalho do profissional

---

**1.** Simões (1995) esclarece, na página 131 de sua obra, que não encontrou as referências bibliográficas completas da obra de Lucien Matrat, apenas o título do documento e as páginas: *Méthodologie de la communication*, p. 40-42.

de relações públicas ao ter os funcionários da empresa, por exemplo, conectados com o mundo? Eles são internos ou externos? O que divide ou separa o interno do externo quando se está conectado? Essas são questões que tentaremos responder recorrendo a estudiosos na área de relações públicas, bem como a seus modelos de comunicação contemporâneos, que serão apresentados no Capítulo 5.

Grunig e Hunt (*apud* França, 2012) defendem a teoria situacional, que distingue quatro tipos de públicos: não público, público latente, público consciente e público ativo.

Segundo os mesmos autores, na categoria não público, nem a empresa nem os públicos se influenciam. O público latente enfrenta problemas oriundos da organização, mas não os detecta. Já o público consciente, ao contrário, detecta o problema. Por último, o público ativo se organiza para reagir ao problema.

Lattimore *et al.* (2012) definem públicos com base em suas relações organizacionais com a empresa e dizem que os cinco tipos de públicos, com os quais a maioria dos profissionais de relações públicas depara são a mídia, os funcionários, a comunidade, os consumidores e os mercados financeiros. Os autores também definem públicos como categorias de pessoas que se tornam importantes para a organização porque esta as considerou importantes de forma intencional ou involuntária. Um exemplo seriam os grupos de ativistas.

Já França (2012), numa visão mais recente, propõe a conceituação lógica de públicos (CLP) com a seguinte classificação: públicos essenciais, não essenciais e de redes de interferência.

O autor (*ibidem*, p. 76) define como essenciais "aqueles públicos ligados ou não juridicamente à organização e dos quais ela depende para a sua constituição, manutenção de sua estrutura, sobrevivência e para a execução de suas atividades-fim". Eles estão diretamente ligados à missão da organização e ao cumprimento de seus objetivos. França os divide em dois segmentos: públicos constitutivos da organização e públicos não constitutivos ou de sustentação.

Os públicos constitutivos são aqueles que possibilitam a existência da organização, como investidores, sócios, diretores, governo, entre outros, que têm poder perante a organização.

Já os públicos não constitutivos da empresa atuam diretamente na viabilização e manutenção no mercado, mantendo sua produtividade e lucratividade. São os funcionários, clientes, fornecedores etc. O autor divide esses públicos em duas subcategorias: os primários, dos quais a organização depende para funcionar, como os fornecedores de matéria-prima, e os secundários, que também contribuem com a organização, mas podem ser facilmente substituídos pelos fornecedores de mão de obra terceirizada e temporária, por exemplo.

Os públicos não essenciais, de acordo com França (*ibidem*, p. 79), definem-se como "redes de interesse específico, pelo grau de maior ou menor participação nas atividades da organização. São considerados não essenciais, pois não participam das atividades-fim, apenas das atividades-meio". O autor os divide em quatro tipos:

1. Redes de consultoria e de serviços promocionais, ou seja, públicos que não fazem parte da organização, como agências de propaganda, consultorias etc.
2. Redes de setores associativos organizados, associações de classe, conselhos profissionais, federações etc.
3. Redes de setores sindicais, constituído pelos sindicatos patronais e de trabalhadores juridicamente organizados.
4. Redes setoriais da comunidade, ou seja, a própria comunidade onde a empresa está inserida.

Por fim, as redes de interferência representam públicos especiais do cenário externo das organizações e podem gerar interferências indesejáveis para a organização ou apoiá-las, como seria esperado.

França (2012, p. 81) propõe que as redes de interferência sejam assim divididas: rede da concorrência, que "representa qualquer tipo de organização que ofereça ao mercado produtos e serviços similares aos já produzidos e comercializados por outras organizações"; e rede de comunicação de massa/internet, que representa permanente ameaça a qualquer organização. Trata-se de "um público especial, com características exclusivas: pode interferir ou não na legitimação das organizações pelo seu alto poder de persuasão junto à opinião pública" (*ibidem*, p. 83).

França também considera os grupos de ativistas e ideológicos redes de interferência, pois são estruturados. Os ativistas defendem, na maioria das vezes, causas nobres, como a natureza e os animais. Os ideológicos têm enfoque político ou de conotação religiosa. A Figura 2 resume a divisão proposta pelo autor.

| I. Públicos essenciais | Constitutivos |
| | Não constitutivos: primários e secundários |
| II. Públicos não essenciais | Redes de consultoria |
| | Redes de setores associativos organizados |
| | Redes setoriais sindicais |
| | Redes setoriais da comunidade |
| III. Públicos de redes de interferência | Rede da concorrência |
| | Rede de comunicação de massa/internet |

Fonte: França (2012, p. 76).

**Figura 2 – Tipologia de conceituação lógica de públicos.**

Somam-se à classificação de públicos apresentada os grupos de pressão e as redes digitais, que, por serem dotados de características ímpares, foram analisados separadamente por França.

O autor explica que não considera, do ponto de vista lógico, os grupos de pressão um público de interesse, pelo fato de não existir uma relação permanente deles com a empresa e por agirem a favor ou contra ela somente quando surgem situações especiais. Eles podem ser considerados grupos legalmente constituídos e grupos extemporâneos de pressão.

E como classificar as redes digitais? França (2012) explica que devemos considerar: a) a classificação dos públicos já feita; b) a forma de comunicação com os públicos; c) a maturidade digital da organização.

Assim, o primeiro passo deve ser classificar os públicos que participam da rede segundo a conceituação lógica de públicos (CLP), pois o autor entende que essa classificação é real e não virtual, portanto básica para uma categorização. No entanto, caso a empresa mantenha relações legais de trabalho a distância, que dependam de plataformas da web para seu funcionamento – independentemente do tempo dos contratos, sejam individuais ou de agências –, os públicos têm de ser categorizados pela CLP. Porém, se dentro desse primeiro passo surgirem redes de interferência, como a rede de comunicação de massa/internet, o autor diz que a empresa deve "fazer o rastreamento permanente de tudo o que se diz sobre ela no mundo virtual para poder reagir sem demora quando se sentir atingida de maneira negativa" (2012, p. 86).

É interessante notar que, nessa primeira parte, o autor não classifica o público das plataformas de mídias sociais digitais – apenas alerta para a importância do controle e mapeamento do que indivíduos conectados poderiam fazer ou falar sobre a empresa de forma negativa. Ou seja, não se percebe que a empresa deva categorizar esse público, avaliar o lado positivo de sua participação e trabalhar proativamente em função deles, mas sim que ela deva se precaver de possíveis "ataques".

Quanto à forma de comunicação com os públicos, França (*ibidem*, p. 87) reconhece que os sites de relacionamento alteraram profundamente o relacionamento da organização com seus públicos:

> Perante essa nova realidade, de indiferente a empresa se viu fragilizada na relação com os públicos e compelida a assumir um posicionamento receptivo diante deles. Caso contrário, sua credibilidade poderia ser atingida, e

sua marca e sua reputação seriam enxovalhadas pela omissão na relação com os seus próprios públicos e com os participantes das redes sociais.

Nesse item, o autor reconhece dois pontos importantes: a possibilidade de as empresas agirem de forma preventiva, criando mensagens e investindo na interação com seus públicos; e o estreitamento de suas relações, solicitando deles opiniões para a melhoria de seus produtos ou até para a criação de novas ofertas que atendam às suas expectativas (*crowdsourcing*).

Finalmente, no que se refere à maturidade digital da organização, ou seja, se a empresa está ou não preparada para criar estratégias e ter presença nas plataformas de mídias sociais digitais, França aponta três fatores que marcam esse novo cenário: a velocidade da disseminação da informação; a intercomunicabilidade, ou seja, a interação simétrica de mão dupla entre a organização e seus públicos; e, por fim, a alta vulnerabilidade à qual as organizações ficaram expostas.

Embora não seja nítida a proposta de mapear os públicos, podemos supor que o autor propõe a mesma conceituação lógica de públicos (CLP) para tais plataformas, na medida em que apresenta as três situações citadas e ainda reconhece que as organizações maduras com o mundo virtual mapeiam seus públicos.

Diante disso, finaliza França (p. 88), "a empresa precisa distinguir com precisão se está lidando com os seus públicos de interesse e se comunicando de maneira interativa com eles ou se está pretendendo criar novos públicos [...]". Seja de uma forma ou de outra, tudo indica que a empresa precisa estar atenta e considerar esses públicos.

Solis e Breakenridge (2009) fazem um resgate do público, reinserindo-o nas relações públicas. Eles acreditam que as empresas precisam mudar suas estratégias e mostram que é possível reinventar as relações utilizando as plataformas de mídias sociais digitais, pois estas vêm conferindo poder e autonomia a uma nova classe de vozes.

Buscamos em Terra (2011, p. 67) uma conceituação para os públicos na contemporaneidade. A autora conceitua público como usuário-mídia e explica até que ponto ele afeta positiva ou negativamente uma organização:

> Estamos na era da midiatização dos indivíduos, da possibilidade de usarmos mídias digitais como instrumentos de divulgação, exposição e expressão pessoais; daí o termo usuário-mídia: um produtor, criador, compositor, montador, apresentador, remixador ou apenas um difusor dos próprios conteúdos.

Ainda segundo a autora, existem três níveis de usuário-mídia: os que apenas consomem conteúdo e os replicam; os que apenas participam com comentários em iniciativas on-line de terceiros; e os que, de fato, produzem conteúdo ativamente.

Para esse público virtual, há também a classificação de Montardo (2010, p. 166), que o divide em *produsers* e *prosumers*. Segundo a autora, "os *produsers* ocupam uma posição híbrida entre produtor e usuário".

O termo *prosumer* foi criado por Alvin Tofler em 1980 para designar o público que ocupa tanto o papel de consumidor quanto o de produtor. Raposo e Silva (2016, p. 6-7), ao escrever sobre algumas das maiores contribuições dos *prosumers* para as corporações e a coletividade, aponta que

> a nova geração de cidadãos digitais está disposta a criar, alterar e até mesmo subverter informação e cultura que lhe interessem, através da diversão, da flexibilidade e do esforço colaborativo. Eles não são mais apenas simples consumidores, mas *prosumers*.

Já Jenkins, Ford e Green (2013, p. 7, tradução nossa) consideram o público audiência. Ao se referir ao modelo de aderência e ao modelo de circulação das informações, dizem:

Em um modelo de aderência, fica claro quem é o "produtor", o "comerciante" e a audiência. Cada um desempenha um propósito separado e distinto. Em um modelo de circulação ou de espalhamento, não há apenas um aumento na colaboração por meio desses papéis, como, em alguns casos, os papéis chegam a se confundir.

Portanto, verificamos que, no modelo de aderência, os autores separam nitidamente quem é o produtor ou o comerciante e quem é a audiência. No caso deste estudo, diríamos quem é a empresa e quem são seus públicos. Já no modelo de circulação, mesmo que os papéis se confundam muitas vezes, isso se dá na prática de suas menções na rede e não no propósito inicial que sempre partirá de um dos lados – nesse caso, empresa ou público.

Por fim, Recuero (2011, p. 25) define os públicos da rede como atores:

> Os atores são o primeiro elemento da rede social, representados pelos nós (ou nodos). Trata-se das pessoas envolvidas na rede que se analisa. Como partes do sistema, os atores atuam de forma a moldar as estruturas sociais, através da interação e da constituição de laços sociais.

No entanto, ao se referir aos públicos das redes sociais na internet, a autora explica que, devido à distância entre os atores e à interação entre ambos, eles são classificados de outra forma. Assim,

> trabalha-se com representações dos atores sociais, ou com construções identitárias do ciberespaço. Um ator pode ser representado por um *weblog*, por um *fotolog*, por um Twitter [...]. E, mesmo assim, essas ferramentas podem apresentar um único nó (como um *weblog*, por exemplo), que é mantido por vários atores (um grupo de autores do mesmo *blog* coletivo). (Idem)

Recuero (2011, p. 26) explica que tais ferramentas não são atores sociais, mas representações destes. Para ela, "são espaços de interação, lugares de fala construídos pelos atores de forma a expressar elementos de sua personalidade ou individualidade". Ainda segundo a mesma autora (*ibidem*, p. 29),

> através da observação das formas de identificação dos usuários na internet é possível perceber os atores e observar as interações e conexões entre eles. Assim, todo o tipo de representação de pessoas pode ser tomado como um nó da rede social [...]. Compreender como os atores constroem esse espaço e quais tipos de representações e percepções são colocadas é fundamental.

Corrêa (2016) aponta para a necessidade de uma reconfiguração da noção de públicos tratando do tema como uma competência para o sucesso da comunicação digital nas organizações contemporâneas. A autora explica que o público ativo no mundo digital foi cunhado por diversos autores como *produser, prosumer, infosumer,* além de outros termos, revelando uma associação entre consumo, produção e uso de conteúdos, deslocada da tradicional relação linear emissor-receptor.

Por fim, sugerimos ainda pensar no público presente no ambiente digital como ubíquo. Segundo o *Dicionário eletrônico Houaiss da língua portuguesa* (2001), ubíquo é o "que está ou existe ao mesmo tempo em toda a parte".

De acordo com Santaella (2010, p. 17), "a ubiquidade destaca a coincidência entre deslocamento e comunicação, pois o usuário comunica-se durante seu deslocamento". A mesma autora diz que

> falamos em ubiquidade a propósito da comunicação móvel quando a continuidade temporal do vínculo comunicacional é assimilada a uma plurilocalização instantânea. Isso só é possível porque a afiliação à rede situa o usuário não mais em um espaço estritamente territorial, mas em um híbrido território/rede comunicacional [...]. (*Ibidem*, p. 18)

Lazo *et al.* (*apud* Corrêa, 2016, p. 63) descrevem o indivíduo ubíquo como "aquele que quer testemunhar tudo em mobilidade, ou seja, uma pessoa que tem uma visão completa graças a uma atitude de movimento e dinamismo".

Esse indivíduo encontra-se em espaços ubíquos. Santaella (2010, p. 18) define tais espaços como

> hiperconectados, espaços de hiperlugares, múltiplos espaços em um mesmo espaço, que desafiam os sentidos de localização, permanência e duração. São espaços povoados por mentes multiconectadas e, por consequência, coletivas, compondo inteligências fluidas.

Segundo Corrêa (2013)[2], ocorreu uma fragmentação dos públicos e o indivíduo, nas mídias sociais digitais, passou a ser o público. Sendo assim, na atividade de relações públicas, o público no ambiente digital apenas ganha importância. Nesse sentido, o profissional de relações públicas, ao planejar a comunicação, poderá ter certa dificuldade por ter de incluir um "novo" público, atuante e diferente do tradicional, em suas estratégias, mas ganha na facilidade de poder dialogar, relacionar-se e entender o que ele pensa a respeito da empresa.

Dessa forma, ao definir os públicos para determinado projeto, cabe a esse profissional nomeá-los em plataformas de mídias sociais digitais como usuário-mídia, *produser,* audiência ou ubíquo. O motivo de nomear o público nessas plataformas justifica-se pelo fato de que tais conceituações levam em consideração as características do indivíduo conectado, isto é, ativo, produtor de conteúdo, protagonista da comunicação e em constante deslocamento, mantendo sua conexão às diversas redes digitais.

Acrescentamos que, mesmo com a categorização de públicos, o profissional de relações públicas deve pensar, para a eficácia de suas ações no ambiente digital, em formas de diálogo direcionadas ao indivíduo. Portanto, respostas iguais e automáticas não são indicadas. A Figura 3 resume o que apresentamos neste capítulo.

---

**2.** Informação fornecida por Elizabeth Saad Corrêa na aula da disciplina "Comunicação e redes na era digital: pensamento contemporâneo e tendências tecnológicas", no primeiro semestre de 2013, na ECA/USP.

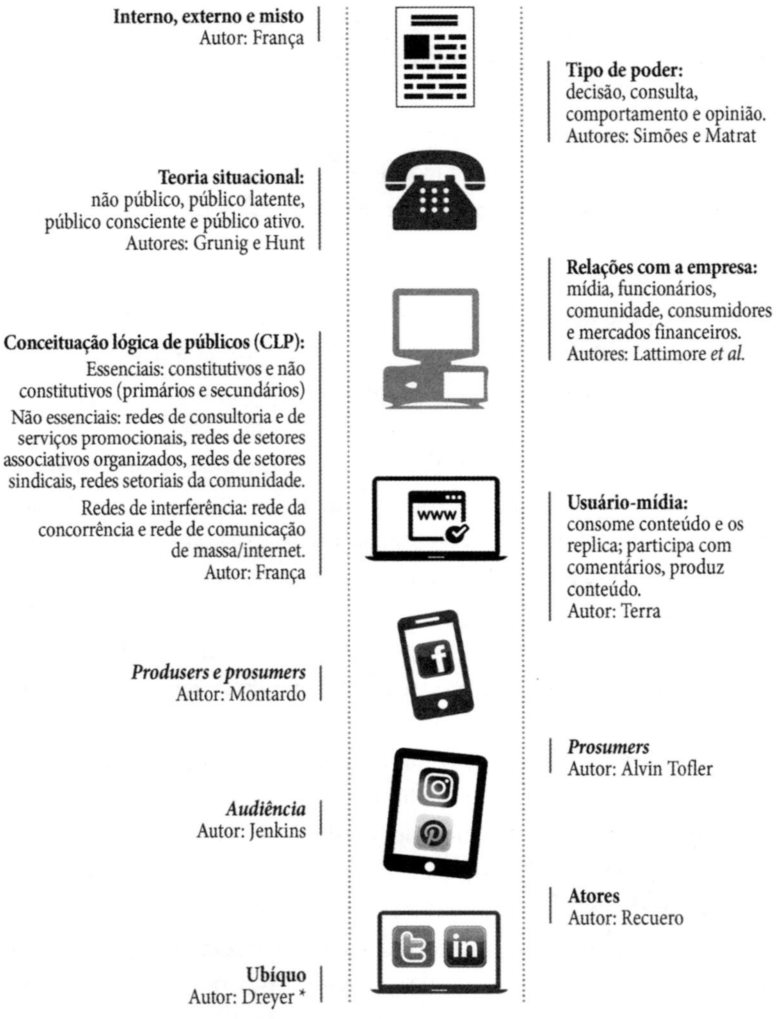

**Interno, externo e misto**
Autor: França

**Tipo de poder:**
decisão, consulta,
comportamento e opinião.
Autores: Simões e Matrat

**Teoria situacional:**
não público, público latente,
público consciente e público ativo.
Autores: Grunig e Hunt

**Relações com a empresa:**
mídia, funcionários,
comunidade, consumidores
e mercados financeiros.
Autores: Lattimore *et al.*

**Conceituação lógica de públicos (CLP):**
Essenciais: constitutivos e não
constitutivos (primários e secundários)
Não essenciais: redes de consultoria e de
serviços promocionais, redes de setores
associativos organizados, redes de setores
sindicais, redes setoriais da comunidade.
Redes de interferência: rede da
concorrência e rede de comunicação
de massa/internet.
Autor: França

**Usuário-mídia:**
consome conteúdo e os
replica; participa com
comentários, produz
conteúdo.
Autor: Terra

*Produsers e prosumers*
Autor: Montardo

*Prosumers*
Autor: Alvin Tofler

*Audiência*
Autor: Jenkins

**Atores**
Autor: Recuero

**Ubíquo**
Autor: Dreyer *

\* Apenas o uso do termo, para classificar os públicos em relações públicas na contemporaneidade, foi sugerido pela autora.

**Figura 3 – A trajetória dos públicos em relações públicas: uma visão do tradicional ao contemporâneo.**

# 4.
# Relações públicas na contemporaneidade

O PRESENTE CAPÍTULO, QUE está dividido em duas partes, tem como principal objetivo contextualizar as relações públicas na contemporaneidade. Para isso, primeiramente apresentaremos as diferenças entre internet e web e descreveremos a evolução da Web 1.0 até a 4.0 e a atividade de relações públicas diante dessa evolução. Na segunda parte, analisaremos a conceituação de campo para compreender por que a área de relações públicas é dotada de um campo científico. Por fim, refletiremos sobre a contemporaneidade digital e sua inter-relação com o campo das relações públicas.

## A ATIVIDADE DE RELAÇÕES PÚBLICAS, A INTERNET E A WEB

### A INTERNET E A WEB

O que são relações públicas contemporâneas? Antes de respondermos a essa pergunta que norteia este capítulo, faz-se necessário entender brevemente a relação entre as tecnologias de comunicação e informação e a atividade de relações públicas, assim como a própria diferença entre internet e web.

Dreyer (2014) descreveu o ambiente digital como fundamental para as relações públicas exercerem suas atividades e conseguirem atender às expectativas da empresa e dos públicos. As tecnologias de comunicação e informação são um caminho sem volta e a tendência é que, cada vez mais, novas plataformas de relacionamento sejam criadas. É nesse ambiente também que se encontra uma diversidade de públicos, sendo a interação e o diálogo quase que naturais. Além disso, a relação entre as TICs e a atividade de relações públicas é fundamental para comprovar que o ambiente digital contribuiu para que as relações públicas possam ampliar, redefinir e segmentar as formas de contato com os públicos.

A internet foi usada pela primeira vez em 1969 e se difundiu rapidamente ao longo de 20 anos. Para Castells (2011), sua criação e seu desenvolvimento foram consequência de uma fusão singular de estratégia militar, grande cooperação científica, iniciativa tecnológica e inovação contracultural. Teve origem em uma inovadora instituição de pesquisa, a Agência de Projetos de Pesquisa Avançada (Arpa) do Departamento de Defesa dos Estados Unidos, e seu conceito foi desenhado por Paul Baran em 1960-64, sendo uma das estratégias criar um sistema de comunicação invulnerável a ataques nucleares.

A primeira rede de computadores se chamou Arpanet e entrou em funcionamento em 1969. Mais tarde, em 1980, com o avanço das pesquisas e das diferentes redes que estavam se formando (redes para estudos militares, redes científicas e redes para acadêmicos, por exemplo), a rede das redes passou a se chamar Arpa-Internet e, logo em seguida, apenas internet. No entanto, foi em 1995 que se iniciou a movimentação para a privatização da internet. Nesse sentido, Castells (2011, p. 83) explica:

> Uma vez privatizada, a internet não contava com nenhuma autoridade supervisora. Diversas instituições e mecanismos improvisados, criados durante todo o desenvolvimento da internet, assumiram alguma responsabilidade informal pela coordenação das configurações técnicas e pela corretagem de contratos de atribuição de endereços da internet.

Por fim, em 1999 já não existia nenhuma autoridade clara sobre a internet no mundo, o que era um sinal das características anarquistas do novo meio de comunicação, tanto tecnológica quanto culturalmente.

A World Wide Web (www), ou, simplesmente, web, surgiu como um avanço da internet, possibilitando a muito mais pessoas o acesso a essa tecnologia. Como explica Castells (2011), a capacidade de transmissão de gráficos da internet era limitada, sendo difícil localizar e receber informações. A web foi considerada, na época, um novo aplicativo. Nas palavras do autor (*ibidem*, p. 87), era a "a teia mundial" que organizava o teor dos sítios da internet por informação, e não por localização, oferecendo aos usuários um sistema fácil de pesquisa para procurar as informações desejadas. A web foi inventada na Europa, em 1990, por um grupo de pesquisadores chefiados por Tim Berners Lee.

Após sua privatização na década de 1990, a internet tornou-se popular e utilizada em diversas atividades. Na década seguinte, ocorreu a explosão da comunicação sem fio, que, segundo Castells (*ibidem*, p. X), "foi a tecnologia de difusão mais rápida da história da comunicação". Em 2000, assistimos à convergência tecnológica entre internet, comunicação sem fio e várias aplicações. Nas palavras do autor (2011, p. XI),

a internet, a World Wide Web e a comunicação sem fio não são mídias no sentido tradicional. São, antes, os meios para a comunicação interativa. No entanto, as fronteiras entre meios de comunicação de massa e todas as outras formas de comunicação estão perdendo a nitidez. O email é predominantemente uma forma de comunicação entre duas pessoas, mesmo quando levamos em consideração o uso dos recursos de envio de cópia e mala-direta. Mas a internet é muito mais ampla do que isso. A World Wide Web é uma rede de comunicação usada para postar e trocar documentos. Esses documentos podem ser texto, áudio, vídeo, software, literalmente qualquer coisa que possa ser digitalizada.

Na mesma linha da convergência tecnológica e dos meios para a comunicação interativa, Jenkins (2009, p. 32) afirma que os meios midiáticos estão passando por mais uma mudança de paradigma: "[...] Se o paradigma da revolução digital presumia que as novas mídias substituiriam as antigas, o emergente paradigma da convergência presume que novas e antigas mídias irão interagir de formas cada vez mais complexas [...]".

Essa interação entre as novas e antigas mídias é o que o autor chama de cultura da convergência, nome dado a uma de suas importantes obras na qual ele trabalha os conceitos de convergência dos meios de comunicação, cultura participativa e inteligência coletiva.

Quando Jenkins (*ibidem*, p. 29) fala em convergência, refere-se ao "fluxo de conteúdos através de múltiplas plataformas de mídia, à cooperação entre múltiplos mercados midiáticos e ao comportamento migratório dos públicos dos meios de comunicação [...]". Para o autor, ela representa uma mudança no modo como encaramos nossas relações com as mídias, além de uma transformação cultural, à medida que consumidores são incentivados a procurar novas informações e fazer conexões em meio a conteúdos de mídia dispersos.

A cultura participativa representa o que a mídia tem proporcionado aos indivíduos, que de passivos se tornaram atuantes e, de acordo com seus interesses, participativos. Nas palavras de Jenkins (*ibidem*, p. 30), "em vez de falar sobre produtores e consumidores de mídia como ocupantes de papéis separados, podemos agora considerá-los como participantes interagindo de acordo com um novo conjunto de regras, que nenhum de nós entende por completo".

Já a inteligência coletiva representa aquilo que pode ser feito em conjunto somando o que cada um sabe e tem de melhor. Segundo Jenkins (2009, p. 30), "nenhum de nós pode saber tudo. Cada um de nós sabe alguma coisa e podemos juntar as peças se associarmos nossos recursos e unirmos nossas habilidades". Ainda de acordo com ele, "a inteligência coletiva pode ser vista como uma fonte alternativa de poder midiático. Estamos aprendendo a usar esse poder em nossas interações diárias dentro da cultura da convergência" (idem).

Portanto, dando sequência à revolução da comunicação, podemos dizer que, nos últimos anos, falou-se em *cultura da convergência* (Jenkins, 2009). Atualmente, o mesmo autor, em sua mais recente obra, *Spreadable media* (2013), aprofunda suas ideias originais na busca de valores e significados nas múltiplas economias que constituem a nova mídia.

Assim, com base na breve abordagem sobre a relação entre as TICs e na atividade de relações públicas, na diferença entre a internet e a web e nos principais momentos que fizeram e ainda fazem parte das transformações da comunicação digital relatados até aqui, apresentaremos a evolução da web em quatro fases.

## A EVOLUÇÃO DA WEB EM QUATRO FASES

### A Web 1.0

A Web 1.0 inicia-se com o surgimento da própria World Wide Web nos anos 1990 e é considerada a primeira fase da web. Nesse período, já apresentava características técnicas, instrumentos e ferramentas de comunicação, além de formas de participação do usuário, como ilustra a Figura 4.

| Características técnicas | Instrumentos e ferramentas de comunicação | Formas de participação do usuário |
|---|---|---|
| Multimedialidade Hipermedialidade Interatividade | Websites (portais, hotsites, intranet etc.) Jornais e revistas on-line (transposição de veículos de mídia tradicional) E-mails Newsletters | Fale conosco Fóruns Bate-papos FAQs Enquetes |

Fonte: Corrêa (2003, p. 155).

Figura 4 – Cenário 1.0 de presença digital.

De acordo com o senso coletivo da Wikipédia[3],

> a Web 1.0 é considerada como estática, sendo que seus conteúdos não podem ser alterados pelos usuários (utilizadores) finais. Todo o conteúdo da página é somente leitura, por isso o termo estático. Na Web 1.0, não existia a interatividade do usuário com a página, [...] somente o *webmaster* ou o programador pode realizar alterações ou atualizações.

Para exemplificar esse cenário, vamos pensar na comunicação de uma empresa qualquer na época. Ela tinha um site para os públicos em geral, intranet para os funcionários, e-mail, um serviço de "fale conosco" ou de salas de "bate-papo", entre outros, para oferecer uma possibilidade de interação com os seus públicos, mesmo que estivesse sempre sob o domínio do emissor – no caso, a empresa.

Portanto, há alguma interatividade na Web 1.0 a partir do momento em que, de alguma forma, os usuários podem se comunicar com a empresa. Porém, a oferta de instrumentos de interatividade não reflete totalmente seu conceito. Ainda segundo Corrêa (2003, p. 155):

> no cenário 1.0, uma vez que o controle do conteúdo e das relações permanece nas mãos do emissor, a maioria de suas propostas de interatividade e diálogos com o usuário não passa de ações que simulam a participação. Por exemplo, o conhecido canal de e-mail "fale conosco" torna-se um simulacro de bidirecionalidade a partir do momento em que o usuário não recebe a resposta adequada e oportuna às suas indagações [...].

Dessa forma, se, nessa fase, a maioria das propostas de interatividade com os públicos não passa de ações que simulam a participação, podemos dizer que, na Web 2.0, a interação será o

---

**3.** Disponível em: <http://pt.wikipedia.org/wiki/World_Wide_Web#Web_1.0.> Acesso em: 22 mar. 2014.

ponto forte, possibilitando ao usuário, até então considerado passivo, tornar-se um produtor de conteúdo.

## A Web 2.0

O termo Web 2.0 surgiu em 2004 graças ao consultor norte-americano Tim O'Reilly. Conforme explicam Jenkins, Ford e Green (2014, p. 79),

> na formulação de Tim O'Reilly, as empresas de Web 2.0 contam com a internet como plataforma para promover, distribuir e aperfeiçoar seus produtos, tratando o software como um serviço concebido para ser executado em múltiplos dispositivos, contando com dados como o "killer app", e aproveitando a "inteligência coletiva" de uma rede de usuários.

Surgia, assim, uma "nova classe" de público, o público das redes, o indivíduo conectado, para provocar nas organizações outro formato de comunicação que deveria incluir também o ambiente digital. Na tentativa de concretizar essa mudança, podemos dizer que, com a Web 2.0, literalmente nasceu mais um espaço para a comunicação, um espaço virtual, um local repleto de desafios para a comunicação organizacional. De acordo com os mesmos autores (*ibidem*, p. 79), esses desafios se justificam, pois

> [...] a Web 2.0 representa uma reorganização das relações entre produtores e seus públicos em um mercado de internet em fase de maturação, assim como um conjunto de abordagens adotadas pelas empresas que buscam tirar proveito da criatividade de massa, do coletivismo e da produção colaborativa.

A Web 2.0 representa também um compartilhamento do poder da informação. Poder esse que, no cenário 1.0, ficava quase totalmente sob o domínio das empresas, e, no ambiente 2.0, permite ao usuário assumir o papel de "comunicador autônomo", o que provoca nas empresas um replanejamento da sua comunicação e do seu relacionamento com os públicos de interesse. Nesse sentido, Jenkins, Ford e Green (2014, p. 79) explicam que "os princípios da Web 2.0 motivam o público a participar da construção e da customização de serviços e mensagens, em vez de esperar que as empresas lhes apresentem experiências completas formadas em sua totalidade".

Corrêa (2003), ao caracterizar o cenário 2.0, aponta para o diálogo, o compartilhamento de mensagens e o conteúdo gerado pelo usuário nas diferentes plataformas de mídias sociais digitais como formas de participação do público em ações propostas pelas empresas.

Analisando as características da Web 2.0, podemos dizer que esse ambiente praticamente obriga as organizações a elevar seu estado tradicional de comunicação para outro patamar, no qual elas precisam incluir em seu modelo de comunicação o ambiente digital e o público diverso que dele faz parte.

### A Web 3.0

A Web 3.0 foi anunciada como mais uma grande revolução da rede. Segundo Santaella (2010, p. 72),

a Web 2.0 e suas plataformas participativas (Wikipédia, blogues, *podcasts*), o uso de *tags* (etiquetas) para compartilhamento e intercâmbio de arquivos [...] e de fotos [...], redes sociais [...] já começam a se imiscuir com a 3.0, a web semântica aliada à inteligência artificial por meio da qual a rede deve organizar e fazer uso ainda mais inteligente do conhecimento já disponibilizado on-line.

Percebemos que, naquele ano, a autora já apontava uma gama de características que comporiam a Web 3.0:

1. A web refinará os dados de pesquisa para o usuário. O motor de busca estreitará a pesquisa até o ponto de entregar exatamente o que o usuário quer, filtrando e interpretando os resultados para produzir respostas concretas. A internet será

um mundo de dados que descrevem dados. Em consequência, o usuário será afastado das pesquisas por palavras-chave.

2. As páginas poderão ser lidas não só por pessoas, mas também por máquinas, em decorrência do item anterior.

3. O uso de gráficos animados, áudio e vídeos de alta definição, 3D, entre outros, será feito dentro do *browser*. Enfim, grande parte dos *websites* vai se tornar *webservices*.

Para Corrêa e Bertocchi (2012, p. 124),

> a web semântica, *apps*, algoritmos, bancos de dados, entre outros, são manifestações ciberculturais contemporâneas e alteram formas de sociabilidade; nos vemos, portanto, diante de mais um campo de discussões e reflexões, para não dizer de mudanças prementes.

No que tange à relação direta entre a web semântica e a Web 3.0, as autoras (2012, p. 125) acreditam que

> o que vemos, em geral, é a mitificação da WS, erroneamente relacionada apenas com a ideia da Web 3.0, anunciada como a grande nova etapa da rede mundial de computadores, a entrada para um mundo de facilidades na relação homem-máquina, o mais novo momento transformador da sociedade contemporânea.

Portanto, diferentemente de outros autores, Corrêa e Bertocchi não correlacionam a web semântica somente à Web 3.0 nem acreditam que ela seja o ponto central de todas as revoluções. As autoras reconhecem que a web semântica promoverá – e, em muitos casos, já promove – transformações significativas no uso da web. Entretanto, elas vão muito além, refletindo sobre o fato de que

> tais transformações como resultantes de um processo que tem seu cenário instalado no *back office* da rede (algoritmos, *software*, sistemas de bancos de dados, aplicativos, linguagens de máquina etc.), um processo maquínico

que só terá uma dimensão socialmente transformadora a partir do exercício do processo comunicativo, ou seja, a partir da atuação do profissional de comunicação como agenciador, municiador, mediador, articulador e analista humano comportamental dessa etapa de organização e criação de significados à imensa massa informativa que circula no ciberespaço. A saber, o que chamamos aqui de curador de informação – alguém que coloca perspectiva sobre o dado. (Idem)

Nesse sentido, antes de entender o ponto de vista de Corrêa e Bertocchi, até poderíamos chegar a pensar quanto a vida do profissional de comunicação seria facilitada na era da Web 3.0, mas a conclusão a que chegamos é quão importante é ou ainda será o papel desse profissional na contemporaneidade. As autoras trazem uma dimensão humana em uma onda de imersão tecnológica. Segundo elas (*ibidem*, p. 125),

para alguns, no cenário da Web 3.0, os algoritmos serão os grandes *experts* capazes de cumprir essa missão, chegando mesmo a substituir a editorialização humana. Na nossa visão, uma WS socialmente relevante não irá falar por si mesma, mas por meio da Comunicação. Ou seja, sem o comunicador como agenciador dessa rede – ao lado da máquina – há somente uma web semântica totalitária. Cabe, portanto, repensar o posicionamento do jornalista e das empresas informativas diante desse próximo panorama.

Por meio desse reconhecimento ao papel do profissional de comunicação e de seu posicionamento diante dos algoritmos e do contexto da WS como curador da informação, as autoras dão continuidade ao tema, apresentando, entre outros aspectos, algumas definições específicas de web semântica, como a de Berners-Lee, Hendler & Lassila (*apud* Corrêa e Bertocchi, 2012, p. 126):

a web semântica não é uma rede separada, mas uma extensão da atual, na qual a informação recebe um melhor significado, os computadores são mais bem programados e as pessoas trabalham em colaboração.

Assim, a WS nada mais é que a própria web dentro de outra configuração.

## A Web 4.0

Da mesma forma que nas fases anteriores, a Web 4.0 também apresenta algumas características específicas. Destacamos, inicialmente, a mobilidade e a ubiquidade, de acordo com o blogue Internet Innovation[4]:

> hoje, somam-se a estas evoluções a mobilidade e a ubiquidade para marcar o nascimento da Web 4.0. Segundo estudiosos, essa nova era funciona como um enorme sistema operacional dinâmico e inteligente, capaz de utilizar e interpretar as informações e os dados disponíveis para suportar a tomada de decisões. Isso tudo de forma automática, através de um sistema complexo de inteligência artificial.

Acreditamos que a Web 4.0 é também a fase da "internet das coisas" e dos híbridos. Conforme explica Lemos (2014, p. 242), "o que está sendo chamado de 'internet das coisas' é uma nova configuração da rede internet, na qual objetos (reais e virtuais, ou seja, concretos e digitalizados) trocam informações sem um usuário humano dirigindo diretamente o processo".

O autor ainda diz que é complicado falar na separação de coisas e pessoas quando nos referimos à internet, já que ela, como qualquer outra rede sociotécnica, é sempre um híbrido.

Encontramos também a ubiquidade e a mobilidade em Lemos (2014, p. 243). Para ele, o dispositivo (computador e suas redes) torna-se ubíquo, espalhando processos informacionais automáticos a todas as coisas e em todas as esferas da vida cotidiana: "Falamos agora de *Big Data*, de computação nas nuvens, de mineração de dados, de 'Smart Cities', de comunicação máquina a máquina, de 'internet de todas as coisas'. A era da informação é global".

---

4. Disponível em: <http://www.internetinnovation.com.br/blog/como-sera-a-web-4-0/>.

## A ATIVIDADE DE RELAÇÕES PÚBLICAS NAS DIFERENTES FASES DA WEB

Relações públicas 1.0

Identificamos o exercício da atividade de relações públicas na fase 1.0 da web quando analisamos os instrumentos e as ferramentas de comunicação descritos por Corrêa (2003) anteriormente. As empresas transmitiam e ainda transmitem suas mensagens, independentemente se estas são institucionais, internas ou mercadológicas, em sites, jornais e revistas on-line, e-mails e *newsletters*. Portanto, os profissionais de comunicação estavam diante de uma rede estática, sem interação com o usuário e sob o domínio da empresa, considerada aqui o emissor das mensagens.

Dessa forma, como o controle dos relacionamentos, dos instrumentos de comunicação e do conteúdo estava concentrado no ambiente das organizações, o profissional de relações públicas exercia sua atividade num contexto considerado tradicional de comunicação, ou seja, em um ambiente no qual os públicos ainda não compartilhavam o espaço comunicacional com as empresas e também não tinham autonomia para se expressar – portanto, num cenário muito mais off-line, com o uso de meios de comunicação de massa e impressos em sua maioria, além de contatos presenciais. Um contexto que, mesmo sendo de comunicação tradicional, evoluiu para os meios eletrônicos e depois para os digitais, mas ainda assim não afetava a estrutura das estratégias de comunicação, pois o poder do uso dos meios e das mensagens ainda era das organizações.

Nesse cenário mais tradicional de comunicação no ambiente 1.0, por mais que o profissional de relações públicas tivesse em mente que deveria exercer o modelo "simétrico de duas mãos"[5], seu contexto privilegiava a comunicação das empresas, deixando naturalmente os fatores relacionamento, negociação, concessões

---

5. O modelo simétrico de duas mãos, de Grunig e Hunt, será detalhado no Capítulo 5 deste livro.

e administração de conflitos mais difíceis de ser colocados em prática.

Na mesma linha da comunicação tradicional no ambiente 1.0, as relações públicas, além de planejarem a comunicação fazendo uso ou não de determinados modelos estratégicos, também: 1) procuram obter a compreensão mútua entre organizações e públicos; 2) buscam evitar conflitos; 3) têm o domínio dos meios para comunicar e criar suas mensagens; 4) estão mais para eletrônicas do que para digitais.

Portanto, embora a atividade de relações públicas seja bem mais antiga que a Web 1.0, suas práticas também evoluíram com a chegada desse ambiente pela grandeza de possibilidades comunicacionais que ele oferece e também por todas as características inerentes à sua existência. Por esse motivo, fala-se em relações públicas 1.0 talvez como o primeiro grande passo da atividade rumo aos horizontes digitais.

Nesse sentido, cabe ao profissional de relações públicas definir se a presença das empresas no ambiente digital, como explica Corrêa (2003), será de forma mais tradicional, informativa e pouco interativa de relacionamento na web ou se trilhará os caminhos do relacionamento participativo, oferecendo aos seus públicos outros meios e ferramentas para ampliar as formas de comunicação. Essa segunda possibilidade se encontra no cenário 2.0 da web, que veremos a seguir.

### Relações públicas 2.0

Até o momento, ao abordar as relações públicas 1.0, trilhamos brevemente o caminho das relações públicas tradicionais, off-line, para chegarmos ao RP 1.0, que exerce suas atividades na web por meio do uso de instrumentos e ferramentas de comunicação pertinentes a esse período.

No entanto, para que as relações públicas possam evoluir de uma estratégia de comunicação mais tradicional, informativa e pouco interativa de relacionamento na web para um caminho de relacionamento participativo, oferecendo aos públicos outros meios e ferramentas para ampliar as formas de comunicação, como já citado por Corrêa (2003), é preciso que as relações públicas sejam 2.0 ou, ao menos, usufruam de parte dos benefícios da Web 2.0.

De acordo com Solis e Breakenridge (2009, p. xvii), Solis, na segunda metade da década de 1990, observou uma mudança nas relações públicas, que ele chamou de RP 2.0, em reconhecimento ao impacto que a web teria nas relações públicas, e como a indústria da comunicação seria forçada a ter de se conectar com seus públicos ao mesmo tempo que continuava trabalhando no antigo formato.

Nesse cenário, os públicos passam a desempenhar outro papel diante das empresas, principalmente pelo acesso às chamadas mídias sociais digitais e pelo compartilhamento da informação nas diversas ferramentas disponíveis. Assim, cabe ao profissional de relações públicas conhecer e entender como funcionam tais ferramentas para que elas sejam utilizadas da melhor forma nas estratégias de comunicação das empresas.

Terra (2010, p. 137) entende que

> as relações públicas 2.0 se caracterizam pela atividade de mediação e/ou interação por parte de organizações ou agências (consultorias etc.) com seus públicos na rede, especialmente no que diz respeito às expressões e manifestações desses nas mídias sociais.

Nesse sentido, já identificamos atualmente diversas empresas fazendo uso das mídias sociais digitais como blogues, Facebook, Twitter, YouTube, Instagram, entre outras pertinentes ao mundo 2.0. Segundo a mesma autora (*ibidem*, p. 138),

> relações públicas 2.0 significa agregar às táticas tradicionais de divulgação conteúdos como vídeos, áudios, fotos, imagens e links que possam ser aproveitados de forma diferente, além de gerir e olhar estrategicamente para canais que permitam a participação e o retorno de usuários.

Sem dúvida, esse estado da comunicação organizacional no qual o profissional de relações públicas planeja a comunicação da empresa é realmente o melhor que poderia acontecer. No entanto, temos indícios, na prática, de que nem sempre acontece assim. Em outras palavras, a Web 2.0 surgiu com uma avalanche de oportunidades para que as empresas evoluam no relacionamento com seus públicos e também para que a atividade de relações públicas, que tem em essência o relacionamento e o diálogo com os públicos, possa se tornar mais estratégica e valiosa. De acordo com Terra (2010, p. 138),

> arriscamo-nos dizer aqui que a evolução dos relacionamentos organização-públicos passa pelas relações públicas 2.0 e se configura como evolução do conceito tradicional que até então praticávamos e conhecíamos. No entanto, o cerne das relações públicas sempre foi e será o diálogo e a via de mão dupla, conceitos absolutamente conectados com as mídias sociais e com a internet 2 e 3.0.

As características técnicas do ambiente 2.0, como a multimedialidade, a interatividade, a hipermedialidade, o compartilhamento das informações, os diálogos e o conteúdo gerado pelo usuário, estão presentes nas ferramentas de comunicação utilizadas pelas empresas atualmente. No entanto, o grau de envolvimento e interação destas varia conforme a cultura, os gestores e o segmento de cada uma.

Diana Popova (2012) explica que o interesse nas mídias sociais, demonstrado pelos profissionais de relações públicas e por pessoas das mais diversas áreas, não significa que se deva abandonar tudo o que veio antes da Web 2.0, focando apenas na mídia social. Grande parte da população não utiliza as mídias sociais digitais.

Portanto, é pensando na diversidade de públicos que a melhor estratégia é aquela que mescla o tradicional e o contemporâneo em relações públicas. Assim como a internet revolucionou a vida das pessoas, dos negócios e da política, ela também influenciou uma profissão que tem a comunicação como principal instrumento de trabalho. A essência da atividade de relações públicas – o relacionamento entre organizações e públicos – continua a mesma. O que muda é a forma como o profissional vai investir nesses relacionamentos. Dessa forma, a contemporaneidade da atividade ocorre de acordo com o conjunto de atividades planejadas para que uma organização se relacione com seus públicos.

Encontramos aqui o papel do relações-públicas na atualidade, ou seja, é aquele profissional que planeja a comunicação para todos os públicos percebendo também o potencial da web quanto às possibilidades de interação com os públicos e visibilidade para a marca.

Para Solis (2007a), RP 2.0 vai além das relações de blogueiros, wikis, redes sociais, blogues etc. Essas são ferramentas meramente utilizadas para possibilitar o diálogo. A interatividade da web, aliada à habilidade de transformar leitores em produtores de conteúdo, está forçando a evolução de relações públicas, independentemente de esta ser 1.0, 2.0 ou 3.0. Portanto, a ideia é integrar o melhor de relações públicas com a tecnologia, o marketing e a web.

Solis e Breakenridge (2009), em relação às mídias sociais, já diziam que as organizações estavam passando por uma das maiores transformações, poucas sendo as empresas que se davam conta disso. Se, por um lado, a mídia social exigia ou demandava engajamento, por outro nem todas as empresas acreditavam que esse era o caminho. Elas hesitavam e ainda hesitam por medo, descrença, subestimação, falta de retorno financeiro e métricas, percepções errôneas ou a combinação de todos esses fatores.

Ainda no que tange à participação das empresas nas plataformas de mídias sociais digitais, os mesmos autores acreditam que o segredo é deixar fluir e encarar o caos. Deixar o público não só falar, mas participar. Para eles, somos apenas intersecções na grande rede da vida e dos negócios. Precisamos participar para ganhar atenção dos públicos e pares. A mídia social requer diálogo de um para um e uma abordagem que humanize e personalize as histórias com o propósito de alcançar um público específico e não mais utilizando o marketing de transmissão. Solis e Breakenridge ainda acreditam que a mídia social é a reinvenção das relações públicas, pois a web mudou tudo. As mídias sociais estão empoderando uma nova classe de vozes com autoridade que não podemos ignorar. Solis (2007b) complementa que relações públicas 2.0 não é mídia social e mídia social não é Web 2.0. São movimentos distintos que podem se complementar e inspirar um ao outro.

Solis e Breakenridge (2009, p. xix-xx, tradução nossa) explicam que "o cenário da nova mídia está criando um híbrido de RP com profissionais on-line, analistas de mercado, defensores dos clientes para efetivamente se engajar nos diálogos que definem a mídia social e criar relacionamentos com esses clientes".

Eugenia Barrichello *et al.* (2013, p. 151) compreendem as práticas de relações públicas da ótica da ecologia das mídias, ou seja, quando fluxos comunicacionais são redimensionados e novas estratégias são empreendidas a fim de interagir com públicos cada vez mais conectados e predispostos a dialogar e a participar em múltiplas ambiências:

> O ecossistema midiático contemporâneo demanda atualização das estratégias nas práticas de relações públicas que visualizem seus públicos como interagentes, que considerem a facilidade ao acesso e o uso real das possibilidades interativas por parte dos participantes da ecologia midiática e o potencial diálogo entre eles. Sob esta perspectiva, não basta estar visível na ecologia midiática, é necessário interagir, ouvir e estabelecer diálogos efetivamente comunicacionais.

Nesse sentido, a atividade de relações públicas apresenta extrema relação com a Web 2.0 desde que suas estratégias sejam repensadas com base nos diferentes meios de comunicação digitais que surgiram nessa última fase. Para Barrichello *et al.* (2013), a essência de relações públicas também continua a mesma, porém a área se mostra reconfigurada, pois agora as ações estratégicas se veem diante de ambiências que oferecem a potencialidade de estabelecer práticas colaborativas, participativas e interativas proporcionadas pelas mídias sociais digitais.

### Relações públicas 3.0 e 4.0

Para pensarmos as relações públicas na Web 3.0 e 4.0 ou não necessariamente em suas fases, mas em suas características – pois tais fases se sobrepõem com frequência –, precisamos, antes, refletir sobre a web semântica, os algoritmos, os *apps*, a computação em nuvem, a era da conexão onipresente e da mobilidade contínua, a computação ubíqua, a internet de todas as coisas, entre muitos outros aspectos já citados aqui.

Em relação aos algoritmos, por exemplo, as empresas e seus públicos estão sujeitos à sua imposição nas plataformas de mídias sociais digitais, ou seja, eles antecedem a relação organização-públicos. Deve-se considerar, ainda, o investimento necessário para que determinada mensagem alcance um percentual significativo de pessoas. No que tange aos *apps*, já identificamos, em diversas empresas, propostas criativas de aplicativos voltados aos produtos e serviços da organização, bem como direcionados ao engajamento do público com a marca.

Some-se a isso o fato de que estamos na era da conexão onipresente e da mobilidade contínua, sobretudo se levarmos em consideração as características dos públicos na atualidade. Na Web 3 e 4.0 estamos diante de indivíduos ubíquos que produzem conteúdo em mobilidade.

Portanto, do ponto de vista da implementação de ações de relações públicas na web, podemos dizer que a atividade de relações públicas já está inserida e sujeita aos ambientes 3.0 e 4.0.

Dessa forma, após percorrermos o trajeto que compõe este capítulo, mostramos, num primeiro momento, que o contexto das relações públicas contemporâneas está fortemente relacionado ao cenário digital, ou seja, às diferentes fases da web e a seu desenvolvimento, bem como a todas as possibilidades de comunicação interativa que esse ambiente proporciona, ainda que não se restrinja a ele.

Assim, para que possamos analisar a atividade de relações públicas na contemporaneidade, faz-se necessário partirmos para um segundo momento de reflexão que engloba entendermos por que a área de relações públicas é dotada de um campo científico que engloba o digital. Além disso, é importante também compreendermos as condições da contemporaneidade digital e sua inter-relação com a atividade de relações públicas.

## O CAMPO DAS RELAÇÕES PÚBLICAS E A CONTEMPORANEIDADE DIGITAL

### A NOÇÃO DE CAMPO

Para entendermos por que a área de relações públicas é dotada de um campo científico que engloba o digital, iniciaremos com o conceito de campo de Pierre Bourdieu (1983).

Primeiramente, Bourdieu considera a própria sociedade um campo de batalha capitalista. Para além das lutas que sucedem no plano material, a luta que se desenvolve entre os diversos grupos sociais assume o caráter de um conflito entre valores que se materializam por meio de um estilo de vida baseado na usurpação do prestígio e na dominação, que se exerce por intermédio das instituições que dividem entre si o trabalho de dominação simbólica (Miceli, 2013, p. 52).

O autor acrescenta que a sociedade é formada por diversos tipos de campos simbólicos, como o da indústria cultural, o do esporte, o acadêmico, o religioso, o da comunicação e o próprio campo das relações públicas. Dessa forma, o conceito geral de campo pode ser aplicado a qualquer instância de uma sociedade. Bourdieu (1983, p. 136-37) explica que o campo científico é sempre o lugar de uma luta, mais ou menos desigual, entre agentes desigualmente dotados de capital científico e, portanto, desigualmente capazes de se apropriar do produto do trabalho científico que o conjunto dos concorrentes produz pela sua colaboração objetiva ao colocarem em ação o conjunto dos meios de produção científica disponíveis. Em todo campo se põem, com forças mais ou menos desiguais segundo a estrutura da distribuição do capital no campo (grau de homogeneidade), os dominantes, ocupando as posições mais altas na estrutura de distribuição de capital científico, e os dominados, isto é, os novatos, que possuem um capital científico tanto mais importante quanto maior a importância dos recursos científicos acumulados no campo.

Um campo é dotado, ainda, de autonomia relativa, de um *habitus* socialmente constituído. Tem funções específicas, objetivos determinados e agentes treinados para "naturalizar", "eternizar", "consagrar" e "legitimar" a ordem vigente. É um sistema de relações objetivas, que interagem com outros campos (Bourdieu, 2013).

Destarte, com base no entendimento do conceito de campo, descreveremos, a seguir, por que as relações públicas também são dotadas de um campo científico.

## O CAMPO DAS RELAÇÕES PÚBLICAS

O campo das relações públicas é mais um entre os inúmeros que compõem a sociedade. No entanto, faz-se necessário entender por que a atividade de relações públicas também pode ser considerada um campo. Farias (2009, p. 46), com o propósito de discutir como se efetivam as relações entre ensino e pesquisa no Brasil, apresenta as áreas de comunicação organizacional e relações públicas como dois campos independentes, mas, ao mesmo tempo, interdependentes, gerando imbricamento: "Ainda que não exista um consenso, entende-se, em princípio, que se trate de dois campos, permeáveis entre si, dialógicos, com relação complementar, mas com produção e conceituações próprias". Para que se possa ver cada uma das áreas como um campo, Farias apresentou os principais conceitos relativos às duas áreas, assim como a evolução das linhas de investigação e pensamento, principais autores e obras que justificam a existência de dois campos.

Fernandes (2011, p. 21) pontua que, "para entender a atividade ou a profissão de relações públicas, é importante conhecer a sua história e o porquê do seu surgimento para que se possa pensá-la e recriá-la para o futuro".

A atividade de relações públicas, entendida como a responsável por estabelecer a comunicação entre uma organização e seus públicos, remonta ao início do século XX, nos Estados Unidos, em decorrência da grande hostilidade do povo norte-americano contra as práticas antiéticas das corporações industriais e o comportamento imoral de seus dirigentes. Em outras palavras, não havia, por parte das organizações, nenhum interesse na opinião pública.

No entanto, essa situação começou a mudar gradativamente quando os sindicatos e os presidentes de empresas perceberam que, se obtivessem apoio da opinião pública para suas causas, os resultados poderiam ser muito mais proveitosos. De acordo com Fernandes (*ibidem*, p. 22), "o empresariado vê a necessidade de aparecer ao público para explicar suas atividades. Era preciso desenvolver um trabalho profissional direcionado aos meios de comunicação de massa". Nesse período, o repórter Ivy Lee percebeu o potencial de trabalho na humanização das relações entre as empresas e o povo e criou, com o agente de imprensa George Parker, a Parker & Lee Associates, em 1906, para um "serviço de imprensa". A visão da atividade de relações públicas apresentada por Lee e Parker, que colocava a "transparência" como premissa básica para o desenvolvimento da atividade de relacionamento com os públicos, contrariou o modelo de "agendamento de imprensa" praticado pelos "agentes de imprensa", cuja missão consistia em persuadir os jornalistas para a publicação de informações favoráveis sobre pessoas, organizações ou acontecimentos. Os agentes de imprensa eram, na realidade, criadores de eventos ou pseudoeventos que, sem qualquer fato jornalístico, serviam apenas para persuadir o público. (Fernandes, 2011, p. 23)

Em vista disso, por meio dessa nova visão para a atividade, Lee foi assumindo outros postos, inclusive em grandes empresas, e, portanto, pode ser considerado um dos pioneiros das relações públicas. Desse modo, o que visualizamos até aqui é uma gradativa evolução na forma de perceber a importância dos públicos para a atividade, porém sempre a "serviço" das corporações.

Outro nome que se destaca é o de Edward Bernays, principalmente devido às práticas bilaterais e assimétricas de relações públicas e à disseminação da profissão nas empresas privadas. De acordo com Fernandes (*ibidem*, p. 24),

Bernays (2004) publica, em 1923, a primeira edição do livro *Crystallizing public opinion*, considerado por muitos a primeira obra sobre relações públicas, na qual delineia a figura do relações-públicas imbuído de maior responsabilidade social, de posse de conhecimentos gerados pela ciência social para entender a opinião e a motivação pública e as técnicas de relações públicas. [...] Bernays era sobrinho do psicanalista Sigmund Freud e ajudou a popularizar nos Estados Unidos, com seus trabalhos de relações públicas, as teorias sobre a manipulação de massas e de indivíduos.

O modelo assimétrico de duas mãos, em que predominaram a persuasão e a atenção ao *feedback* dos receptores, foi desenvolvido por Bernays. Embora a persuasão possa servir tanto para o bem quanto para o mal, "na atividade de relações públicas, os públicos devem ser 'trabalhados' para o bem: a missão do profissional de relações públicas é persuadir com base nos interesses da organização, mas sempre respeitando o interesse maior do público envolvido" (Fernandes, 2011, p. 25).

O período entre 1933 e 1945 marca o início da época de ouro das relações públicas na América. Veículos de comunicação eram utilizados com habilidade e os serviços de imprensa surgiam nas organizações governamentais, assim como as primeiras pesquisas de opinião pública. A partir de 1945, a atividade alcançou um estágio de progresso e muitas empresas e consultorias em relações públicas foram criadas.

Por fim, de acordo com Farias (2009), ao longo das décadas posteriores à produção de Bernays, passou a constituir-se em todo o mundo um campo para as relações públicas, formado por uma produção mais significativa em torno de pesquisas e de teorias. Simultaneamente, a evolução caminhou para novos e mais adequados modelos de trabalho no âmbito profissional. Isso possibilitou que a área deixasse de ter um enfoque meramente operacional e adotasse um modelo mais atuante, de visão estratégica.

O mesmo autor apresenta o histórico das linhas de investigação em relações públicas de 1923 a 2000. Destacamos o ano de 1999, em que é publicado o primeiro livro exclusivo sobre relações públicas na internet, *Public relations on the net*, de Shel Holtz.

Quanto às relações públicas no Brasil, Farias (2009) destaca importantes datas:

- 1914 – ano da criação do departamento de relações públicas da empresa canadense Light & Power, onde figura o nome de Eduardo Pinheiro Lobo, tido como o patrono das relações públicas no Brasil.
- 1954 – fundação da Associação Brasileira de Relações Públicas (ABRP).
- 1966 – criação do primeiro curso superior.

Ainda na década de 1960, Cândido Teobaldo de Souza Andrade escreveu o primeiro livro nacional na área. Nos anos seguintes, outros trabalhos foram desenvolvidos por diversos pesquisadores, entre eles Cicilia Peruzzo (1982), uma das poucas autoras que apresentam uma reflexão mais crítica a respeito do papel das relações públicas como instrumento de dominação do capitalismo. A partir de 1970, a atividade cresceu no mercado. Por fim, foi nesse período que as primeiras teses de doutorado foram defendidas na área.

Isso posto, concordamos com Farias (2009, p. 50)[6] quando afirma que houve um percurso gradual de formação do campo, caracterizando os seus componentes por perfis, produção, conceituação e associação e levando à sua delimitação como campo.

## A CONTEMPORANEIDADE DIGITAL E A SUA INTER-RELAÇÃO COM O CAMPO DAS RELAÇÕES PÚBLICAS

É possível pensarmos na existência de um campo digital? Qual é a relação entre o campo das relações públicas e a comunicação digital? E, ainda, como descrever a atividade de relações públicas na contemporaneidade?

Todos esses questionamentos nos levaram a refletir sobre o que Corrêa (2015) chamou de contemporaneidade digital. Segundo a autora, o termo implica significativas transformações para o campo da comunicação e, portanto, a reconfiguração de seu construto epistemológico. Ela aponta, ainda, para uma visão mais ampla e de longo prazo de revisão epistemológica para o campo da comunicação como um todo, levando em consideração três condições da contemporaneidade digital: centralidade, transversalidade e resiliência. Essa revisão, segundo a autora, implicaria também reconsiderar dissensões que hoje persistem, como jornalismo e jornalismo digital, relações públicas e relações públicas 2.0, publicidade e publicidade interativa.

Dessa forma, para compreender a relação entre a atividade de relações públicas na contemporaneidade e o termo "digital", faz-se

---

**6.** Para um aprofundamento maior sobre a formação do campo das relações públicas, veja Farias (2006 e 2009).

necessário, antes, explicar as três condições da contemporaneidade digital propostas por Corrêa e, então, fazer as devidas correlações com o campo das relações públicas.

Sobre a centralidade, a autora (2015) acredita que é possível afirmar, ainda que empiricamente, que, com o advento das tecnologias digitais e suas respectivas aplicações técnicas aos dispositivos de expressividade comunicativa (TV, rádio etc.), os estudos do campo da comunicação adentram um período de significativas reconfigurações e transformações de conceitos. A partir da web, explica a autora (*ibidem*, p. 3),

> assistimos a uma gradativa dissolução de fronteiras entre o conjunto de paradigmas-teorias-modelos-metodologias vinculados à delimitação da Comunicação como campo de estudo da transmissão de mensagens por meio de dispositivos de mídia; e a busca de referenciais e correlações em outros campos científicos das próprias ciências sociais – a exemplo da Sociologia, da Antropologia, ampliando para a Psicologia, a Economia [...].

Sobre essa afirmação, lembramos que a evolução da fase inicial da web para a chamada Web 2.0 é justamente a nova possibilidade de interação proporcionada pelas inúmeras plataformas de comunicação que promovem o diálogo em tempo real. Na tentativa de concretizar essa mudança, podemos dizer que, com a Web 2.0, surgiu mais um "espaço" para a comunicação, um "espaço" virtual, um "local" repleto de desafios para a comunicação organizacional. Para Corrêa (*ibidem*, p. 4),

> tais transformações vêm sendo apontadas por pesquisadores mundo afora, em sua maioria girando em torno do papel central que a Comunicação veio assumindo nas relações sociais e nas atividades organizativas e financeiras, principalmente na medida em que as plataformas digitais configuram-se no chamado "modo 2.0", possibilitando a participação ativa, dialogia e expressividade dos usuários em rede, quebrando com a lógica linear clássica do processo comunicativo (emissor-mensagem-receptor).

Portanto, se a comunicação vem assumindo papel central nas relações sociais e organizacionais, sobretudo após as plataformas digitais oriundas da Web 2.0, podemos dizer que a atividade de relações públicas também evoluiu com as inúmeras possibilidades de participação nessa fase. A lógica linear do processo comunicativo sempre esteve no cerne da atividade, devido ao fato de as relações públicas serem as responsáveis pelo processo de comunicação e relacionamento entre uma empresa e seus públicos. No entanto, tal lógica também sofreu rupturas para a atividade, visto que o receptor, considerado um indivíduo passivo no processo de comunicação, tornou-se também um protagonista do ato de comunicar.

Por fim, Corrêa (*ibidem*, p. 5) explica que a condição de centralidade traz para as discussões epistemológicas e o desenvolvimento das pesquisas em comunicação uma dualidade de vantagens-desvantagens. Entre elas, destacamos três:

1. a necessidade de convivência/aceitação com a reinterpretação e um novo entendimento de conceitos pétreos, a exemplo de públicos, mediação, mídia, legitimidade, entre outros;
2. a necessidade de convivência/aceitação com a introdução de um "interferente" conjunto de conceitos ainda em estado de configuração no campo, a exemplo de interatividade, midiatização, virtualidade, temporalidade-espacialidade, mobilidade, curadoria, mensuração, participação e colaboração, conteúdo, entre outros;
3. a ampliação do rigor metodológico decorrente da própria centralidade com relação a outros campos científicos, num cenário de extrema diversidade de modelos, metodologias e técnicas de pesquisa.

Esses três aspectos foram propositadamente selecionados devido à correlação que podemos fazer com o campo das relações públicas. No que tange ao primeiro, inferimos que há evidências, principalmente após as características da Web 2.0, da necessidade de reinterpretação e de um novo entendimento de conceitos como públicos, mediação, mídia, legitimidade, entre outros. Por coincidência, todas as palavras citadas por Corrêa dizem respeito à essência das relações públicas e ao seu objeto de estudo, os públicos. Além disso, diversos autores conceituam a atividade como mediadora na busca de legitimidade para as organizações.

Quanto ao segundo aspecto, podemos dizer que, para o campo das relações públicas, também há a necessidade de aceitação de um conjunto de conceitos ainda em estado de configuração no campo, sobretudo se pensarmos nas novas formas de relacionamento que ocorrem por meio da presença de uma empresa em plataformas de mídias sociais digitais. A interatividade, a midiatização, a virtualidade, a temporalidade-espacialidade, a mobilidade, a curadoria, a mensuração, a participação e o conteúdo são fundamentais para que o profissional de relações públicas exerça sua atividade na contemporaneidade.

Finalmente, o terceiro item nos leva a crer na necessidade de repensar o campo das relações públicas em relação a outros campos científicos, a exemplo do que Farias (2009) descreveu quanto à interdependência que gera imbricamento entre os campos de comunicação organizacional e relações públicas. Além disso, a atividade de relações públicas na contemporaneidade está imersa em um cenário de diversidade de modelos, metodologias e técnicas de pesquisa para aprimorar o relacionamento entre a organização e seus públicos.

A transversalidade é a segunda condição da contemporaneidade digital. De acordo com Corrêa (2015, p. 6), o foco se refere

à capilaridade das tecnologias digitais atuando simultaneamente nos processos que operam as atividades comunicativas, nos sistemas que integram processos anteriormente fragmentados, nos dispositivos cada vez mais convergentes devido às *affordances* que incorporam funções de mobilidade e geolocalização, interatividade aos suportes comunicativos clássicos, e nos próprios produtos midiáticos.

Portanto, no que se refere à atividade de relações púbicas, a transversalidade da comunicação digital perpassa modelos e estratégias, tornando-se inerente ao ato de planejar a comunicação nas empresas em tempos de mídias sociais digitais. A definição do termo *affordances* nos ajuda a compreender tal fenômeno, pois, "no contexto das TICs, *affordance* pode ser entendida como a relação mútua entre as ações de um ator e as capacidades tecnológicas disponíveis e potenciais para a realização desta ação" (Corrêa, 2015, p. 7).

Entre os pontos de reflexão da transversalidade levantados pela autora, destacamos três. Primeiro, o enraizamento das tecnologias digitais a ponto de ser discutível a separação da comunicação em on-line e off-line. Segundo, a reconfiguração das noções de tempo/velocidade e espaço/local decorrentes das tecnologias digitais favorece a lógica da transversalidade na construção epistemológica atual. Por fim, consequentemente, o rigor na escolha de teorias, modelos e metodologias tem sua complexidade ampliada por conta da profusão de conceitos e de suas respectivas aplicações.

Dessa forma, pensar a atividade de relações públicas na contemporaneidade implica elaborar modelos e estratégias de comunicação que contemplem o on-line e off-line e levem em consideração o tempo e o espaço das interações entre as organizações e seus públicos.

Enfim, a terceira e última condição da contemporaneidade digital é a resiliência. Esta, talvez, seja a primeira que deve ser considerada no campo das relações públicas, devido à própria essência da atividade. Corrêa (2015, p. 9) define resiliência como

> a capacidade de um sistema ou uma organização se antecipar e se adaptar a rupturas, eventos, lidar com as mudanças e reconstruir seus valores e estruturas a partir destes movimentos. Numa visada objetiva e sem qualquer caráter de crítica, assistimos hoje a um processo de busca de diferentes vertentes teóricas, multiplicidade de autores e propostas metodológicas

para a sustentação epistemológica de estudos e pesquisas que envolvam a questão digital na Comunicação, seja ela vista como um elemento transversal nos processos ou nos produtos, seja como elemento central de discussão.

Acreditamos que tal afirmação também vai ao encontro do que, nos últimos anos, vem se pensando para a atividade de relações públicas. A essência da atividade se mantém a mesma, ou seja, a relação organização-públicos. O que muda é a forma como se vai planejar essa relação. Em outras palavras, para que a atividade seja praticada na atualidade, é necessário que o profissional de relações públicas se antecipe e se adapte a fim de saber lidar com as mudanças. Para isso, a comunicação digital precisa ser tratada como elemento transversal no processo de comunicação e não como outro campo científico.

Assim como a autora sugere uma postura resiliente para o construto epistemológico da comunicação como algo benéfico e aderente ao caráter do próprio campo, também acreditamos em tal postura para a atividade de relações públicas. Para Corrêa (2015), a postura resiliente agrega a diversidade necessária ao momento sem, entretanto, alterar a essência do papel da comunicação na construção dos saberes e de sua posição cada vez mais central no tecido social contemporâneo. Acreditamos na postura resiliente de seu campo das relações públicas por sua possibilidade de adaptação ao digital, mantendo a essência da atividade.

O percurso realizado ate aqui nos ajudou a contextualizar a atividade de relações públicas na contemporaneidade, portanto em oposição a conceituações como: relações públicas 2.0, relações públicas digitais, relações públicas contemporâneas, entre outros diferentes adereços que apenas reforçam uma possível divisão de campos inexistentes.

A Figura 5 resume este capítulo.

- **Internet:**
Origem nos Estados Unidos/Conceito criado por Paul Baran em 1960-64/
Usada pela primeira vez em 1969/Foi privatizada e se tornou popular em 1990.
- **Web:** Surgiu como um avanço da internet/Considerada um novo aplicativo/Inventada na Europa, em 1990, por um grupo de pesquisadores chefiado por Tim Berners Lee.
- Explosão da comunicação sem fio em 2000/Convergência tecnológica/Cultura da convergência/Cultura participativa/Inteligência coletiva.

- **Relações públicas 1.0:**
Comunicação em sites, jornais e revistas on-line, e-mails e newsletters/Presença maior no cenário off-line/ Uso de meios de comunicação de massa e impressos na maioria/ Domínio dos meios para comunicar.

- **Web 1.0:**
Início nos anos 1990/ Estática e pouco interativa/ Controle no emissor/ Pesquisa.

- **Relações públicas 2.0:**
Atividade de mediação e/ou interação com públicos/Uso dos meios digitais para comunicar/Vídeos, áudios, fotos, imagens e links/Canais com participação e retorno de usuários /Multimedialidade/Hipermedialiade/ Compartilhamento das informações/Conteúdo gerado pelo usuário/Personalização de histórias/ Convergência dos meios/Ecologia midiática/ Maior alcance de dados.

- **Web 2.0:**
Surgiu em 2004/Termo cunhado por Tim O'Reilly/Interação é o ponto forte/Usuário ativo e produtor de conteúdo/Compartilhamento do poder da informação/ Novas plataformas de conversação e relacionamento/Pesquisa e refinamento de dados.

- **Relações públicas 3.0 e 4.0:**
Muito mais interação/Mais facilidade de obter e interpretar dados/ Participação ativa do usuário/Web semântica/Inteligência artificial/ Algoritmos/*Apps*/Computação em nuvem/Conexão onipresente/ Mobilidade/Ubiquidade/Convergência /Geolocalização/Interação entre pessoas e objetos.

- **Web 3.0 e 4.0**
Refinamento dos dados para pesquisa e interação/ Web semântica/Inteligência artificial/Algoritmos/*Apps*/ Computação em nuvem/Big Data/ Conexão onipresente/Mobilidade/ Ubiquidade/Convergência/ Geolocalização /Internet das coisas (comunicação entre pessoas e objetos).

As fases da web, muitas vezes, convergem e se sobrepõem, bem como a atividade de relações públicas praticada nesses contextos.

O campo das relações públicas engloba a contemporaneidade digital

Condição de resiliência da atividade — Centralidade da comunicação — Transversalidade do digital

**Evolução do campo das Relações Públicas**

Figura 5 – O percurso das relações públicas na contemporaneidade.

# 5.
# Modelos para a gestão da comunicação nas organizações

DEPOIS DE CONTEXTUALIZARMOS AS relações públicas na contemporaneidade, o presente capítulo tem como principal objetivo descrever modelos estratégicos de comunicação e de negócio que caracterizam a prática da atividade. Dessa forma, apresentaremos as principais diferenças entre modelos de comunicação e modelos de negócio, descreveremos 13 modelos de comunicação e dois modelos de negócio e, por fim, mostraremos os elementos que compõem o conjunto dos modelos e que caracterizam a comunicação na contemporaneidade.

## MODELOS DE COMUNICAÇÃO E MODELOS DE NEGÓCIO

Uma das formas mais organizadas e sistematizadas de pensar as relações públicas tem sido os modelos que identificam as ideias centrais dessa atividade e como eles se relacionam entre si em sua aplicabilidade nas organizações (Lattimore *et al.*, 2012).

Existem modelos específicos voltados para a comunicação das organizações, normalmente utilizados por gestores da comunicação, e aqueles direcionados ao negócio da empresa, muito utilizados por administradores. Por serem mais abrangentes, em alguns casos, os modelos de negócio também podem ser adaptados para a comunicação. Já os modelos de comunicação, por serem específicos, são utilizados apenas nas áreas e nos departamentos de comunicação.

De acordo com Grunig (2011), modelos de relações públicas são descrições simplificadas da prática da atividade e, como tal, têm limitações. No entanto, ajudam-nos a entender por que há tantas distorções a respeito da natureza e do propósito das relações públicas. Os modelos também ajudam a explicar como os profissionais devem pensar as relações públicas antes de exercê--las num papel gerencial estratégico.

De acordo com Osterwalder e Pigneur (2011, p. 14), "um modelo de negócios descreve a lógica de criação, entrega e captura de valor por parte de uma organização". Os autores acreditam que um modelo de negócios pode ser mais bem descrito com nove componentes básicos, que mostram a lógica de como uma organização pretende gerar valor:

1. segmentos de clientes;
2. proposta de valor;
3. canais;
4. relacionamento com clientes;
5. fontes de receita;
6. recursos principais;
7. atividades-chave;
8. parcerias principais;
9. estrutura de custo.

Esses componentes cobrem as quatro áreas principais de um negócio: clientes, oferta, infraestrutura e viabilidade financeira. Dessa forma, o modelo de negócios é um esquema para a estratégia ser implementada mediante as estruturas organizacionais dos processos e sistemas.

## MODELOS DE COMUNICAÇÃO

Nesta parte, descreveremos 13 modelos de comunicação de diferentes períodos e autores. Alguns são mais teóricos, outros, mais práticos, no entanto todos apresentam suas peculiaridades, bem como fatores que muitas vezes os classificam como mais adequados para uma ou outra empresa. Desde já esclarecemos que não acreditamos em modelos ideais. Ao contrário, defendemos que eles servem de inspiração para profissionais de relações públicas elaborarem o melhor modelo para a sua empresa com base em um conjunto de estratégias que mais se adaptam à cultura da organização. Soma-se a isso que os modelos antecedem a fase de planejamento da comunicação, o que ajuda a torná-la mais assertiva e adequada ao momento de cada organização.

### OS QUATRO MODELOS DE JAMES GRUNIG E HUNT

Grunig (2011) explica que, em 1984, ele e Hunt desenvolveram quatro modelos de relações públicas. Para o autor, eles ainda subsistem na atualidade e podem descrever as diferentes percepções associadas às práticas da atividade, além de explicitar a natureza e o propósito das relações públicas.

O primeiro modelo, chamado de "agência de imprensa/divulgação", descreve os programas de relações públicas cujo único propósito é obter publicidade favorável para uma organização ou para indivíduos na mídia de massa. É também bastante utilizado por publicitários.

Embora esse modelo seja de mão única, beneficie apenas a empresa e não leve em consideração o que os públicos pensam a respeito da marca, sabemos que ainda é bastante comum nas corporações, visto que a comunicação tradicional, de massa, continua trazendo algum tipo de resultado. Por mais que as empresas hoje diversifiquem as mídias, a publicidade faz parte do conjunto escolhido. Diferentemente de anos atrás, talvez o que aconteça hoje seja um aprimoramento das peças publicitárias, ou seja, elas são elaboradas com base no desejo dos consumidores.

O segundo modelo, de "informação pública", é semelhante ao primeiro porque é também de mão única e entende as relações públicas apenas como disseminação de informações. Os profissionais são contratados para divulgar as mensagens das empresas por meio da mídia de massa tradicional, da internet, de folhetos e informativos.

Portanto, da mesma forma que no primeiro, não há uma preocupação com os públicos ou com o que eles andam dizendo sobre a empresa. O objetivo é transmitir a mensagem independentemente de como ela será recebida. Grunig (2011) explica que, nesses dois modelos, os programas de comunicação não estão baseados em pesquisa e reflexão estratégica. Eles são assimétricos e desequilibrados, pois tentam modificar o comportamento dos públicos, mas não o da organização.

Já o terceiro modelo, "assimétrico de duas mãos", utiliza a pesquisa para desenvolver mensagens que provavelmente conseguirão induzir os públicos a se comportar como a organização espera. Segundo o autor, esse modelo parece funcionar bem quando o nível de conflito entre a organização e o público é relativamente baixo e quando o público sente obter benefícios.

Esse modelo, embora não seja considerado ideal pelo autor, é muito utilizado pelas empresas, pois, em conjunto com o primeiro, que tem foco na publicidade, faz parte das estratégias de grandes organizações, sobretudo aquelas voltadas para o consumo que precisam atingir rapidamente o público de massa.

Grunig (2011) acredita que os públicos desejam dialogar, participar das decisões que os afetam, assim como querem uma comunicação equilibrada e "simétrica" com a organização.

Assim, entendemos que o quarto modelo do autor, "simétrico de duas mãos", é o que está mais próximo dos desejos dos públicos. Ele é baseado na pesquisa e utiliza a comunicação para administrar conflitos e aperfeiçoar o entendimento com públicos estratégicos, sendo por isso considerado mais ético que os demais modelos.

Percebemos também que ele é o que mais corresponde à realidade da comunicação organizacional na atualidade, pois leva em consideração os receptores das mensagens, além de planejar a comunicação de forma mais estratégica.

Apesar de os modelos de Grunig e Hunt serem anteriores à Web 2.0 e à atividade de relações públicas na contemporaneidade, encontramos parte deles nas estratégias de comunicação de muitas empresas. Além disso, o quarto modelo pode ser muito útil para as empresas se contemplar o ambiente das mídias sociais digitais.

Grunig (2011) explica que os modelos apresentam limitações. Na tentativa de responder aos estudiosos críticos, ele e Hunt, na época, concluíram que o modelo simétrico de mão dupla ainda parece ser o ideal normativo para a prática das relações públicas e que os profissionais de comunicação podem usar sua expertise para defender uma abordagem simétrica para as relações públicas. Eles deveriam ser capazes de defender a simetria em relações públicas pela mesma razão que um médico recomenda que uma pessoa com sobrepeso faça exercícios.

## OS QUATRO MODELOS DE JAMES GRUNIG E HUNT APLICADOS ÀS RELAÇÕES PÚBLICAS MODERNAS

Com o título "A Grunigian view of modern PR", ou seja, um olhar gruniguiano das relações públicas modernas, David Philips (2009), consultor e ex-professor da University of the West of England, apresentou em seu blogue LeverWealth uma proposta de debate para examinar algumas aplicações práticas das mídias sociais digitais nos modelos de Grunig e Hunt.

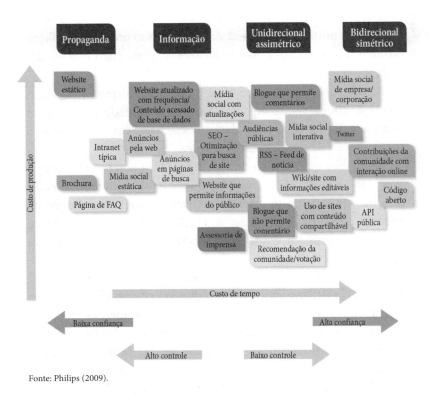

Fonte: Philips (2009).

Figura 6 – Uma nova adaptação da mídia aos modelos de relações públicas.

Conforme descrito na Figura 6, Philips chamou os modelos de Grunig e Hunt de propaganda, informação, unidirecional assimétrico e bidirecional simétrico. Para cada modelo, o autor direcionou um conjunto de mídias, demonstrando que tais modelos podem ser usados na atualidade.

## NOVO MODELO DE SIMETRIA COMO PRÁTICA BIDIRECIONAL

O modelo sugere que organizações e públicos podem ter resultados satisfatórios na zona de ganhos mútuos. A negociação e a colaboração são possíveis nesse espaço onde ambos têm a possibilidade de ser privilegiados. Na Figura 7, verificamos que o lado esquerdo mostra quando a organização está em uma posição dominante e o lado direito, quando isso se dá com os públicos. Na parte inferior são detalhados os tipos de práticas, usados na comunicação.

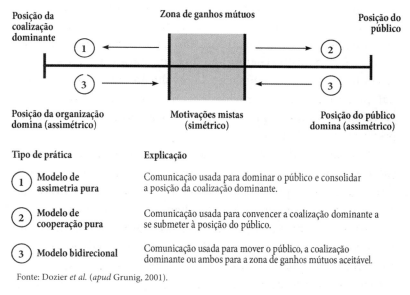

Fonte: Dozier et al. (apud Grunig, 2001).

Figura 7 – Novo modelo de simetria como prática bidirecional.

Embora esse modelo tenha sido elaborado em 1995, ele pode ser facilmente empregado nas práticas de comunicação contemporâneas, sobretudo se levarmos em conta que a zona de ganhos mútuos pode ser um espaço digital. É nesse espaço, normalmente ocupado por plataformas de mídias sociais digitais, que há a possibilidade da troca, da interação, do relacionamento e do diálogo entre empresas e públicos, promovendo, assim, a simetria. Aliás, acreditamos ser difícil visualizar o potencial do modelo de Dozier et al. longe das TICs.

## MODELO DE GERENCIAMENTO ESTRATÉGICO DE RELAÇÕES PÚBLICAS

Grunig (2009) apresenta o modelo de gerenciamento estratégico de relações públicas levando em consideração o potencial das mídias sociais digitais para tornar a atividade de relações públicas mais global e estratégica. Entretanto, segundo o autor, a história mostra que, quando novas mídias são introduzidas, os comunicadores tendem a utilizá-las da mesma forma que as antigas. Dessa forma, Grunig acredita que, para as relações públicas obterem todas as vantagens da revolução digital, o profissional precisa praticar a atividade com base no paradigma de gerenciamento estratégico, em substituição ao paradigma interpretativo ou simbólico.

O paradigma de gerenciamento estratégico foca na participação dos executivos de relações públicas na tomada de decisões estratégicas, para que possam auxiliar no gerenciamento do comportamento das organizações. Também enfatiza a comunicação bidirecional de muitos tipos, com vistas a proporcionar aos públicos voz nas decisões da organização e facilitar o diálogo entre a gerência e os públicos antes e depois de as decisões serem tomadas. De acordo com Grunig (2009), o paradigma não exclui atividades de relações públicas tradicionais, como as relações de mídia e a disseminação de informação. Em vez disso, ele amplia o número e os tipos de mídia e as atividades de comunicação, adequando-os a uma estrutura de pesquisa e escuta. Em consequência, as mensagens refletem as necessidades de informação dos públicos, assim como advogam em favor das necessidades das organizações.

Por outro lado, o autor observa que estudiosos e praticantes que adotam o paradigma interpretativo, ou simbólico, geralmente presumem que as relações públicas lutam para influenciar como os públicos interpretam a organização. Ele cita que esse paradigma pode ser encontrado nos conceitos de gerenciamento de reputação em escolas de negócios, de comunicação de marketing integrado em programas de publicidade, e de teoria retórica e crítica em departamentos de comunicação. Praticantes que seguem o paradigma interpretativo enfatizam mensagens, publicidade, relações de mídia e efeitos da mídia.

Na Figura 8 podemos visualizar o modelo de gerenciamento estratégico de relações públicas de Grunig e, na sequência, um breve resumo das suas etapas.

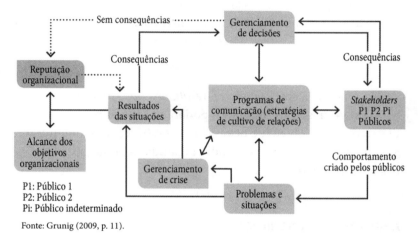

Fonte: Grunig (2009, p. 11).

Figura 8 – Modelo de gerenciamento estratégico das relações públicas.

A figura mostra que os conceitos centrais do modelo são as *decisões gerenciais*, localizadas no topo, com *stakeholders* e *públicos* à direita e resultados da relação à esquerda. *Decisões gerenciais* e *públicos* estão conectados pelas recíprocas *consequências* do seu comportamento.

As setas duplas entre *decisões gerenciais* e *stakeholders* mostram que os responsáveis pela tomada de decisões estratégicas de uma organização devem interagir com os *stakeholders* por meio do trabalho das relações públicas, a fim de que as decisões sejam implementadas e os objetivos da organização, alcançados.

A seta na parte inferior direita indica um *comportamento criado pelos públicos* em relação à organização, que poderá ser negativo ou positivo, e, em qualquer caso, irá gerar *situações* que precisarão ser administradas pelos chamados *programas de comunicação* – localizados no centro da figura. Segundo Grunig (2009, p. 12),

> tais programas são desenvolvidos a partir de estratégias para cultivar relacionamentos com os públicos e gerenciar os conflitos surgidos, um conceito novo que temos utilizado para substituir os modelos de relações públicas e integrar os conceitos de direção (monodirecional ou bidirecional), propósito (simétrico ou assimétrico), mediado ou interpessoal, e ético ou antiético.

Na sequência final temos os *resultados das situações* geridas pelos programas. Tais resultados poderão produzir *consequências* que deverão ser objeto de novas *decisões estratégicas* ou definirão a *reputação da organização*, podendo ainda culminar no *alcance dos objetivos organizacionais*.

## A FILOSOFIA DA COMUNICAÇÃO INTEGRADA

O sétimo modelo é o que Kunsch (2003, p. 150) define como "filosofia da comunicação integrada"

> [...] uma filosofia que direciona a convergência das diversas áreas, permitindo uma atuação sinérgica. Pressupõe uma junção da comunicação institucional, da comunicação mercadológica, da comunicação interna e da comunicação administrativa, que forma o mix, o composto da comunicação organizacional.

Ainda segundo a autora, as quatro áreas que formam o composto podem ser assim descritas:

1. A comunicação administrativa, que permeia toda a empresa. É composta por fluxos obrigatórios, como a entrega ou envio

de holerites. Ela permite viabilizar todo o sistema organizacional e pode ocorrer em diferentes canais, de maneira formal e informal, por meio da web ou não.
2. A comunicação interna, que é a comunicação dos produtos, serviços, projetos e campanhas direcionadas para os funcionários. Quando as ações são específicas de marketing, trata-se de endomarketing e não de comunicação interna.
3. A comunicação mercadológica, a qual é direcionada para a publicidade e divulgação de produtos e serviços nos mais diversos canais.
4. A comunicação institucional, que, segundo Kunsch (*ibidem*, p. 164), "é a responsável direta, por meio da gestão estratégica das relações públicas, pela construção e formatação de uma imagem e identidade corporativas fortes e positivas de uma organização". A Figura 9 descreve o modelo.

Fonte: Kunsch (2003, p. 151).

Figura 9 – Comunicação integrada.

Entendemos, portanto, que a comunicação da empresa para seus públicos pode acontecer por meio do planejamento da comunicação integrada e do uso de instrumentos e ferramentas de comunicação necessários para atingir o público desejado. Embora esse seja um modelo completo, nem sempre as empresas conseguem colocá-lo em prática no todo. Há situações em que a comunicação entre a organização e seus públicos ocorre informalmente, sem planejamento adequado ou, ainda, aplicando apenas parte do planejamento da comunicação integrada.

O conceito da comunicação integrada foi criado em 1986 e percebido como fundamental para as organizações na medida em que a própria comunicação organizacional foi evoluindo e ganhando espaço dentro das empresas. Nesse sentido, é pertinente nos atentarmos para a chegada das TICs, que, gradativamente, a partir do final dos anos 1980, foram introduzidas no campo da comunicação organizacional. Corrêa (2009) posiciona a comunicação digital na vertente teórica da comunicação organizacional integrada, como veremos no próximo modelo.

## A COMUNICAÇÃO INTEGRADA DIGITAL

Esse modelo, como o próprio nome já explica, está atrelado ao modelo anterior. O que o difere do primeiro são os aspectos da comunicação digital propostos por Corrêa (2009).

Independentemente do estágio em que as empresas se encontram em relação às suas estratégias digitais, o ponto de partida deve ser pensar na comunicação digital integrada. Para isso, Corrêa (*ibidem*, p. 322) explica que "ela é construída a partir de uma avaliação de cada ação comunicacional prevista para as três grandes vertentes da comunicação integrada – institucional, interna e mercadológica – e de seu cotejamento perante o público a que se dirige". Além disso, ainda segundo a autora, inseridos nessas três vertentes devem estar também o cuidado com o tratamento visual e arquitetônico do material, bem como com o conteúdo e a linguagem, que devem estar adequados. A Figura 10 apresenta o modelo.

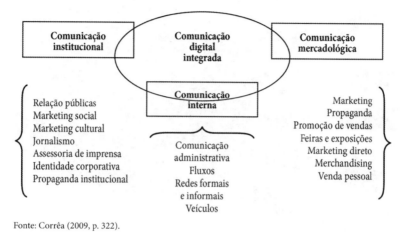

Fonte: Corrêa (2009, p. 322).

Figura 10 – Comunicação digital integrada.

Essa proposta também inclui características inerentes aos processos digitais. Entre elas, podemos citar a facilidade no acesso à busca de dados e a aplicação adequada às especificidades dos preceitos da arquitetura da informação, da usabilidade, da hipermídia e do design, além do aumento das possibilidades de mensurar e avaliar o retorno da comunicação.

As formas de abordagem e posicionamento estratégico da comunicação digital nos ambientes corporativos propostos por Corrêa (2009) dizem respeito a um modelo adaptável a diferentes ambientes e contextos organizacionais e construído em dois estágios de desenvolvimento: o posicionamento estratégico e a constituição dos espaços-informação. A Figura 11 representa o estágio inicial, que a autora denomina posicionamento estratégico de presença digital.

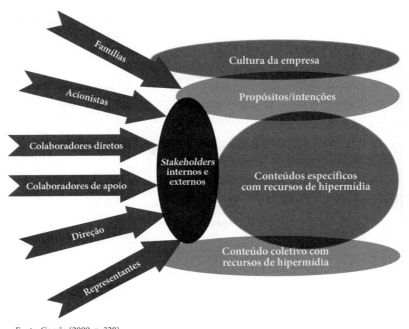

Fonte: Corrêa (2009, p. 328).

Figura 11 – Posicionamento estratégico de presença digital.

O modelo de Corrêa (2009) é composto por cinco partes: 1) a cultura e a relação desta com os quesitos de inovação, tecnologia, uso de computadores e de internet, entre outros; 2) o conjunto de públicos estratégicos da empresa, ou seja, quem são e quais são suas afinidades com o ambiente digital vivenciado (a definição do suporte tecnológico para a criação de um canal direto de comunicação com esses públicos depende dessa avaliação); 3) os propósitos e as intenções das ações de comunicação digital (cada ambiente corporativo gera um conjunto de propósitos específicos, mas quase sempre relacionados a vantagens competitivas decorrentes do uso dos meios digitais); 4 e 5) o conteúdo das mensagens, seja ele específico ou coletivo, devendo ser formatado quase de forma personalizada. Inclui-se nesse conteúdo o que chamamos de institucional ou coletivo, ou seja, o conjunto de informações sobre a empresa que devem ser transmitidas independentemente das características de cada público estratégico.

Depois de descrever as cinco etapas, Corrêa (2009) explica que alcançamos o segundo estágio do modelo de abordagem: a constituição dos espaços-informação das diferentes ações de comunicação digital apontadas pelas estratégias. De acordo com a mesma autora, a constituição desses espaços-informação, na prática, refere-se à agregação do conteúdo em si: dados, informações; de sua estrutura de navegação, seu design e sua arquitetura; do uso da hipermídia, da definição das narrativas; e do convite ao diálogo e à troca por meio de recursos de interatividade.

Temos, portanto, o que de fato diferencia um modelo de estratégia digital de outros tradicionais. O conjunto de fatores mencionados caracteriza a comunicação do ambiente digital e reforça a possibilidade de participação dos públicos por meio dos recursos de interatividade e troca próprios desse ambiente.

Destacamos que, embora o ambiente digital sofra constantes mutações, o conjunto de fatores propostos pela autora em 2009 é ainda considerado ousado por muitas empresas.

## MODELO ESTABELECIDO *VERSUS* MODELO EMERGENTE

Segundo Terra (2011), estamos mudando da tradicional pirâmide de influência (de cima para baixo) para um paradigma mais fluido e de uma direção, colaborativo e horizontal, em que as marcas e as reputações corporativas são construídas tentando engajar múltiplos públicos por meio do diálogo contínuo.

Diante desse contexto, a autora apresenta o estudo da Edelman & Technorati, "Public relations: communications in the age of personal media" (2006), que faz um comparativo entre o modelo estabelecido e o emergente para a prática das relações públicas. A Figura 12 apresenta esse comparativo.

| Aproximação estabelecida | Modelo emergente |
| --- | --- |
| **Modelo "empurra":** envio de *press release* para a imprensa para atingir o máximo possível da audiência. *Follow-up* para conseguir entrevistas. Na maioria dos casos, os e-mails são deletados pelos jornalistas. | **Caminhando para o modelo "puxe" (solicitado):** uso de *feeds* RSS para blogueiros, jornalistas e outros clientes receberem informações de interesse. |
| **Mensagens controladas:** preparo de porta-vozes para todas as questões e posicionamento rígido. | **Conversação:** interação contínua e conversações de acordo com as necessidades dos *stakeholders*. |
| **Voz autoritária e cínica em crises:** centralização no contato com a mídia. | **Engajar em níveis múltiplos:** ser transparente com todos os níveis organizacionais. |
| **Elites são informadas primeiro:** depois é que consumidores, funcionários e mídia local são avisados. | **Empoderar funcionários e permitir cocriação dos consumidores** |
| **Falar para – e não com – a audiência:** comunicação de mão única. | **Paradoxo da transparência:** informar com transparência mesmo em momentos de crise. |
| **Cauda de cachorro:** relações públicas são apenas um suporte ao marketing, ao administrar as relações com a mídia para que a propaganda realize o seu trabalho. | **Sentar-se sobre a mesa:** relações públicas como disciplina de gerenciamento de construção de relacionamentos entre companhias e seus *stakeholders*. |
| **Companhia sabe melhor:** é a melhor fonte de informações. | **Sabedoria das multidões:** *stakeholders* colaboram com ou sem os *inputs* dados pelas organizações. A oportunidade para empresas é ouvir, aprender e participar. |

Fonte: Terra (2011. p. 26-27).

Figura 12 – Comparativo entre modelos atuais e emergentes.

Embora o estudo seja de 2006, acreditamos que todos os sete exemplos de "aproximação estabelecida" ainda sejam fortemente utilizados pelas organizações e por suas assessorias de imprensa, sobretudo quando se trata de organizações tradicionais, mais hierárquicas e com uma cultura rígida. No entanto, isso não significa que não estamos caminhando para o "modelo emergente"; ao contrário, diversas empresas já têm adotado esse modelo e apresentado projetos e ações contemporâneas.

Assim, a autora (2011, p. 31) afirma que um novo modelo de comunicação deve pressupor nove aspectos: 1) que as comunicações são diretas; 2) que todo consumidor tem o poder de amplificar conteúdos, opiniões e experiências; 3) que pessoas compram confiança e histórias contadas pelos fabricantes; 4) velocidade: a internet criou novas expectativas – a organização deve girar em torno de velocidade; 5) o movimento da cauda longa; 6) conexão entre pessoas; 7) que as grandes ideias são os produtos e não os anúncios; 8) que, para ser interessante à audiência, é preciso fazer parte da tribo, criar comunidade; 9) que a empresa é, em seu setor, uma líder que deve conduzir as pessoas ao movimento.

## *THE MEDIA CLOVERLEAF* – MODELO DE RELACIONAMENTO DO ECOSSISTEMA DE MÍDIA

Brain (2012), presidente e CEO da Edelman Ásia-Pacífico, Oriente Médio e África, aponta cinco grandes mudanças que devem ser consideradas antes de refletir sobre o modelo *The media cloverleaf* ("trevo da mídia", em português): 1) a explosão dos canais de mídia; 2) o mundo multitelas; 3) todas as empresas são empresas de mídia; 4) as histórias são sociais; 5) as histórias[7] duram para sempre agora.

O autor aponta a explosão dos canais de mídia como a primeira grande mudança na atualidade. Hoje, são infinitas as possibilidades de busca de um conteúdo ou de sua produção de forma instantânea.

A segunda mudança que vivenciamos hoje é o mundo multitelas. Podemos escolher em qual tela vamos trabalhar, estudar, interagir e buscar informação. Cada uma oferece uma relação diferente com o usuário e o conteúdo. Computadores, *tablets* e aparelhos de celular, entre outros exemplos, oferecem uma infinidade de experiências que podem, ainda, ser utilizadas em conjunto.

A terceira mudança implica que, de alguma forma, a empresa pode comunicar algo, seja por meio de determinada mídia ou ainda de sua presença em plataformas digitais.

---

7. No entendimento da Edelman, histórias se referem ao conteúdo e às narrativas sobre a marca.

Em relação à quarta mudança, as pessoas compartilham suas histórias, experiências e gostam de se relacionar virtualmente com os outros. O grau de exposição varia de pessoa para pessoa – porém, uma vez no ambiente digital, a história se torna social.

A quinta mudança é que, agora, as histórias duram para sempre. Como antes os conteúdos eram apenas impressos, acabávamos guardando as revistas e os jornais ou eles eram jogados fora. Nos dias de hoje, a notícia pode ser antiga, mas basta uma busca na internet para retomá-la.

Interpretadas as cinco mudanças na mídia, o autor também cita três itens que ainda não mudaram:

1. o tempo e a atenção: o tempo e a atenção são finitos. Mais um motivo para nos preocuparmos com a intensidade e o conteúdo do que vamos comunicar. O excesso de informação com que deparamos todos os dias, principalmente na internet, faz que muitas mensagens passem despercebidas.

2. gostar de uma boa história: de acordo com Brain (2012), as pessoas se interessam por aquilo que, de alguma forma, chama a atenção delas. As boas histórias estão relacionadas a uma série de fatores que vão da emoção provocada ao fator financeiro. Elas podem ser de origem empresarial, voltadas para os produtos e serviços de uma empresa ou ainda pessoais, relacionadas à vida pessoal dos empregados ou de indivíduos que não pertencem a uma organização.

3. o conteúdo é o mais importante: por maior que seja o volume de dados na rede, o que importa é a mensagem em si. Portanto, a origem, o contexto e a estética da mensagem ajudam, mas, se o conteúdo não for significativo, não adianta. Percebemos, em diversas empresas que optaram por fazer parte das plataformas de mídias sociais digitais, a preocupação em postar todos os dias alguma informação, mas elas acabam sendo esteticamente lindas e com pouco retorno quanto ao impacto do conteúdo.

Diante do contexto apresentado, Brain (2012) descreve o ecossistema de mídia mostrando que ele é formado por quatro tipos de mídia distintos, porém relacionados: tradicional, híbrida, de propriedade e social. A mídia tradicional, já bastante conhecida nos processos de comunicação das empresas e pelo público em geral, é de amplo alcance e pode ser representada pelos veículos impressos, como jornais e revistas, eletrônicos, como a televisão, entre outros.

A mídia híbrida, justamente por misturar diferentes mídias, já nasceu digital. Ela apresenta algumas características específicas como a integração, o engajamento de diferentes formatos, imagens e conteúdo. Pode também se apresentar como versões digitais da mídia tradicional, em blogues que atuam como se fossem empresas de mídia, em plataformas digitais mais sofisticadas etc.

A mídia própria é aquela de propriedade de uma organização, de algum grupo ou indivíduo. Para Brain (2012), todas as empresas são mídias. Nesse sentido, sites das marcas, aplicativos em geral e blogues, entre outros, são considerados mídia própria. As organizações têm total controle dessas mídias e de suas experiências e precisam sempre atrair o público para atingir seus fins.

Por último, a mídia social é aquela que possibilita que qualquer pessoa consiga se relacionar, dialogar, contar suas histórias em tempo real. São diversas as plataformas usadas, estando entre as mais conhecidas: Facebook, Twitter, YouTube, Instagram, Snapchat, WhatsApp, entre outras.

No meio do trevo, o autor (2012) explica quais são as novas possibilidades de acesso às mídias, à pesquisa e a todas as definições de conteúdo:

> nós devemos nos empenhar para estimular o contar histórias que crie movimento e perpasse todos os tipos de mídia. Devemo-nos assegurar de duas

coisas: a primeira é que as histórias pessoais façam parte da nossa produção; a segunda é que conteúdo de alta qualidade (infográficos e vídeos curtos) possa ser encontrado e compartilhado para melhorar os resultados da busca. (Tradução nossa)

A Figura 13 facilita o entendimento do que o autor chama de *media cloverleaf*, o novo ecossistema da mídia.

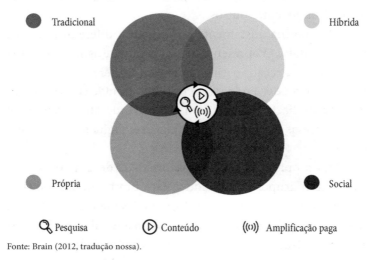

Fonte: Brain (2012, tradução nossa).

Figura 13 – Trevo da mídia.

De acordo com Brain, o que constitui o ecossistema de mídia é saber contar uma boa história utilizando as quatro partes que formam o trevo. Por história, entendemos também a informação ou mensagem que se quer transmitir. Segundo ele, devemos utilizar a metáfora do trevo para sincronizar como, quando e onde a história deve ser contada. Nesse sentido, o maior desafio está em decidir onde começar a contar uma história.

> Nós acreditamos que companhias e marcas que estão querendo contar suas histórias no novo ambiente de múltiplos canais de mídia precisam incorporar o conceito do contar histórias por meio da mídia, das redes, e a

melhor forma de fazer isto é utilizando a metáfora do trevo da mídia. (Tradução nossa).

A organização deve entender o que as pessoas estão procurando, pensando e utilizando. É preciso desenvolver, por meio dessa busca, percepções que ajudem a delinear uma história, incluir palavras-chave relevantes, planejar o conteúdo, bem como sua divulgação, tendo a certeza de que ele será facilmente encontrado.

Já os indivíduos precisam se interessar pela história, e esse retorno só será possível se o "criador" e curador desse conteúdo tiver conhecimento suficiente para saber o que influencia as pessoas e como isso ocorre. Os sites de compras são exemplos de plataformas que têm conteúdo que influencia. Entretanto, o desafio das empresas de diversos segmentos é também conseguir bons resultados fazendo que suas histórias repercutam e sejam compartilhadas, e não apenas que circulem pela rede.

Até aqui podemos dizer que o modelo de comunicação integrada (Kunsch, 2003), com as inclusões do modelo de comunicação integrada digital (Corrêa, 2009), por exemplo, talvez possa constituir o passo que antecede o modelo do ecossistema de mídia. Acreditamos que, para chegar à parte central do trevo, é importante, antes, a gestão da comunicação integrada digital na organização.

Por fim, conforme explicado por Brain (2012), devemos utilizar a metáfora do trevo para sincronizar como, quando e onde uma história deve ser contada, pois as histórias constituem o ecossistema de mídia. Isso significa que a mensagem que uma empresa vai transmitir precisa perpassar as quatro partes do trevo para chegar a todos os públicos que se deseja atingir, pois cada uma dessas partes do ecossistema tem características próprias e suas formas de atingir determinados públicos.

## *THE EDELMAN CLOVERLEAF FORECAST* – ATUALIZAÇÃO DO ECOSSISTEMA DE MÍDIA E ESTRATÉGIAS QUE AUMENTAM O CICLO DE VIDA DE UMA NARRATIVA

Trata-se da evolução do modelo anterior. Rubel (2016), chefe de conteúdo estratégico da Edelman, explica que, agora, o modelo apresenta duas esferas sobrepostas de influência: uma para plataformas de tecnologia e outra para editores de conteúdo. O esquema também leva em conta que existem três caminhos para o conteúdo digital: direto, busca e social, e ainda destaca a necessidade de construir programas integrados que mesclem tanto as estratégias emergentes quanto as testadas e verdadeiras.

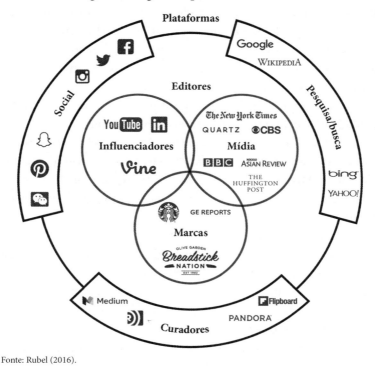

Fonte: Rubel (2016).

Figura 14 – Atualização do ecossistema de mídia e implicações da narrativa.

Para o autor, a maior parte da descoberta do conteúdo começa nas plataformas tecnológicas. Elas dominam a cena digital e incluem mídias sociais digitais, serviços de mensagens, ferramentas de pesquisa e busca e curadores de notícias personalizadas. Os editores são grupos de criadores de conteúdo que se interseccionam. Incluem empresas de notícias digitais nativas e tradicionais, influenciadores e marcas. De acordo com Rubel (2016, tradução nossa), a atualização do trevo da mídia reflete "os mais recentes pensamentos da Edelman em relação ao ecossistema de informação digital e à convergência de editores de conteúdo e plataformas de tecnologia".

Para garantir que as narrativas de comunicação sejam percebidas pelos públicos no ecossistema inteiro, o autor descreve cinco estratégias que devem ser adotadas pelos profissionais de comunicação. Tais estratégias implicam:

1. Desenvolver narrativas sociais. A mídia social é a principal forma de descobrir histórias. Isso requer adotar, desde o princípio, uma abordagem social da narrativa que consiga elevar a identidade do consumidor. Os programas de comunicação devem utilizar um estilo tanto linear e lógico quanto social.

2. Adotar um pensamento centrado na distribuição. Marcas precisarão fazer parcerias com influenciadores e outros editores para aumentar a área de abrangência digital de um programa.

3. Caminhar na direção da mídia paga. O conteúdo original é cada vez mais o "precursor" que se sobrepõe aos outros. Os conteúdos principais deveriam utilizar mídia paga.

4. Criar uma única narrativa. Certificar-se de que uma única narrativa seja desenvolvida para se adequar aos diferentes espaços onde será descoberta, compartilhada e consumida.

5. Focar na criação de conteúdo canônico. Criar histórias de alto interesse e alta qualidade, que não estão disponíveis em qualquer lugar, e cujo conteúdo seja "escasso". Justamente por ser "escasso", tal conteúdo encontra um público interessado.

Cabe mencionar também três macrotendências que estão influenciando a forma como o conteúdo é descoberto, consumido e monetizado:

1. **Personalização móvel.** Há mudanças significativas na descoberta de conteúdo: as pessoas têm utilizado mais as plataformas de mídias sociais digitais por meio de dispositivos móveis; as notícias são largamente filtradas através da lente de um amigo.
2. **Fragmentação da mídia.** Há também mudanças na forma como a informação é consumida: as pessoas estão diante de uma oferta de conteúdo incrivelmente infinita, mas a sua atenção é na maior parte das vezes finita; a escolha do conteúdo a ser consumido acaba sendo influenciada geralmente por frases de efeito que, de alguma forma, atingem o leitor.
3. **Frustração do anunciante.** Os anunciantes estão enfrentando grandes desafios que alteram a forma como o conteúdo das notícias é predominantemente monetizado: o bloqueio de anúncios se tornou normal, sobretudo na internet móvel; o inflado tráfego de dados criou descrença na cadeia de fornecimento de anúncios de exibição.

Embora o modelo tenha sido apresentado com duas esferas de influência (plataformas de tecnologia e editores de conteúdo), Rubel (2016) explica que as plataformas dominam tanto em tempo quanto em investimento. No entanto, o gestor de comunicação deve levar em conta todas as formas de influência da mesma maneira que deve ficar atento aos diferentes caminhos de acesso ao conteúdo digital. Tais caminhos, como vimos, podem ser por meio da pesquisa e busca, com curadores ou ainda pelas plataformas de mídias sociais digitais. O importante é construir programas integrados que mesclem diferentes estratégias. Nesse sentido, buscar estratégias de outros modelos também ajuda a construir a melhor proposta para uma organização.

## O MODELO HÍBRIDO DE CIRCULAÇÃO PERVASIVA

Jenkins, Ford e Green (2013) propõem um modelo em que uma combinação de forças determina como o conteúdo é compartilhado nas diferentes culturas de forma muito mais participativa e desordenada. Para compreendermos esse modelo, é importante esclarecermos alguns conceitos centrais dos autores, como *spreadable*, *spreadability* e mídia pervasiva. Nesse sentido, Corrêa (2013, p. 285) explica que,

> a exemplo do que percebemos na língua portuguesa ao não encontrarmos a melhor tradução para o termo, o autor indica que o uso literal de *spread* (ou seja, untar, espalhar algo, muito relacionado a alimentos) é insuficiente para expressar sua proposta. Entretanto, manteve o termo como a expressão mais próxima de suas ideias. [...] Jenkins, Ford e Green recorrem às ideias de Malcom Gladwell (numa típica ação de interação entre academia e mercado), que cunhou o termo aderência (*stickiness*), para expressarem a criação de conteúdos no meio digital que possuam a característica de atrair e fidelizar a audiência a ponto de esta se sentir motivada a compartilhar o conteúdo. Jenkins, Ford e Green (2013, p. 4) concluem: "para Gladwell, conteúdo aderente é aquele que as pessoas querem espalhar". Ao ocorrer tal espalhamento, entendem-se as inúmeras possibilidades de visibilidade destes conteúdos em diferentes espaços informativos, tornando-se pervasivo.

Por fim, pervasividade, para Jenkins, Ford e Green (2013, p. 286), refere-se "àqueles recursos técnicos que facilitam a circulação de determinados conteúdos em detrimento de outros [...] e às redes sociais que conectam as pessoas por meio do intercâmbio de bytes repletos de significado".

O modelo híbrido de circulação é compreendido quando os autores o contrastam com o modelo de aderência, conforme resumimos nos sete itens que seguem:

1. O modelo de aderência foca na contagem de membros; o modelo híbrido de circulação reconhece a importância das conexões sociais entre os indivíduos.

2. O centro da aderência é a medição da audiência quantitativa; a circulação enfatiza a produção de conteúdo em formatos de fácil compartilhamento.

3. Uma mentalidade aderente requer marcas para criar uma experiência centralizada, que ofereça aos indivíduos maneiras limitadas e controladas de "personalizar" conteúdo dentro de um formato de site; uma mentalidade circulável foca na criação de textos de mídia que várias audiências podem circular com diferentes propósitos.

4. Sites aderentes geralmente incorporam jogos, testes e pesquisas para atrair e manter os interesses dos indivíduos; a lógica participativa da circulação leva as audiências a utilizar o conteúdo de forma não prevista à medida que o material se ajusta aos moldes de suas comunidades específicas.

5. Uma vez que modelos de negócios aderentes são construídos com base em dados demográficos, as audiências são geralmente encaradas como um grupo de indivíduos passivos; a circulação, em contraste, valoriza as atividades dos membros da audiência e ajuda a criar interesse em marcas específicas ou franquias.

6. A aderência retém a mentalidade de transmissão de comunicação de um para muitos, com canais oficiais autorizados que competem entre si para chamar a atenção da audiência; a circulação ou espalhamento parte do princípio de que tudo que vale a pena ser ouvido circulará em todos os canais disponíveis, potencialmente levando as audiências da conscientização periférica ao engajamento ativo.

7. Em um modelo de aderência, fica claro quem é o "produtor", o "comerciante" e a audiência – cada um desempenha um propósito separado e distinto; em um modelo de circulação ou de espalhamento, não há apenas aumento na colaboração por meio desses papéis como em alguns casos, tais papéis chegam a se confundir.

Corrêa (2013) explica que a comparação do autor dos conceitos de aderência – fortemente utilizado pela indústria digital para representar os desejos mercadológicos dos grandes players – àquele de pervasividade, vinculado à movimentação natural e inerente da participação comunitária, pode gerar inferências imprecisas por parte de leitores desatentos. Tais inferências dizem respeito a uma possível visão errônea que o leitor poderá ter quanto à sobreposição de modelos, deixando a aderência de lado e direcionando a atenção apenas para a pervasividade.

Para Jenkins, Ford e Green (2013, p. 7), em um mundo de mídia espalhável, o que antes eram considerados assuntos apenas de "atendimento ao cliente" são, agora e cada vez mais, assuntos de "relações públicas", uma vez que os clientes espalham suas próprias histórias sobre as empresas.

Por fim, o modelo de circulação ou espalhamento de Jenkins, Ford e Green (2013) trata de participação e de diálogo nas plataformas de mídias sociais digitais, ações que fazem parte de uma nova cultura, a cultura participativa. Estamos, assim, diante de outro cenário da comunicação organizacional, no qual as empresas ficam praticamente sem alternativas no que tange à sua participação nas plataformas de mídias sociais digitais.

## MODELO 3D DE GESTÃO DA COMUNICAÇÃO NA SOCIEDADE DIGITAL

Propositadamente, entre os modelos de comunicação, deixamos o proposto por Corrêa (2016) por último. Isso se deve aos fatores que antecederam a proposta final do modelo: um breve panorama da comunicação digital na contemporaneidade, as competências e as habilidades para uma comunicação digital nas organizações e os desafios e as tendências para as organizações na sociedade digitalizada – portanto questões fundamentais para o profissional de relações públicas ter em mente no exercício de suas atividades na contemporaneidade. Dessa forma, resumiremos tais fatores antes de apresentar o modelo.

No que tange ao panorama da comunicação digital na contemporaneidade, Corrêa (2016) aponta três grandes contextos que direcionam as estratégias e ações de comunicação: a mobilidade, a geolocalização e o *Big Data*.

A mobilidade implica que o público-alvo de uma organização está em permanente deslocamento, trazendo uma nova lógica de comunicação entre empresas e públicos. Agora, as empresas precisam ir ao encontro de seus públicos.

A geolocalização permite que os dispositivos indiquem a localização espaçotemporal do usuário, o que abre um leque de personalizações comunicativas e informativas para o relacionamento de uma empresa com seus públicos.

O *Big Data*, "termo utilizado para caracterizar a grande massa de dados em forma de *bits* hoje armazenada em bancos de dados de todo tipo pelo mundo", possibilita a "estruturação de ações de comunicação cada vez mais personalizadas". O *Big Data* faz uso de algoritmos para produzir o melhor casamento entre conteúdo massivo e personalização (Corrêa, *ibidem*, p. 63).

Dessa forma, o cenário que resume o panorama da comunicação digital na contemporaneidade "reúne mobilidade, geolocalização e *Big Data* por entre indivíduos contextualizados numa lógica ubíqua" (idem). O profissional de relações públicas precisa pensar em "conteúdos adequados para um dado usuário, numa determinada localização, acessados num dado dispositivo em mobilidade, num formato que lhe possibilite participar e compartilhar" (*ibidem*, p. 64).

Em relação às competências e habilidades para uma comunicação digital nas organizações, a autora apresenta um conjunto de sugestões que devem ser adaptadas ao contexto específico de cada empresa. São elas: narrativa/*storytelling*, quantificação e mensuração de dados, codificação de dados e construção de aplicativos e reconfiguração da noção de públicos. A narrativa/*storytelling* é a "capacidade de contar boas histórias em diferentes linguagens, dispositivos e públicos. Não importando se o contar histórias se refere a marca, produtos, serviços, notícias ou informações, o *storytelling* contemporâneo envolve um tipo de persuasão [...]" (*ibidem*, p. 68).

A quantificação e a mensuração de dados estão relacionadas ao "uso e à configuração de ferramentas e sistemas de inteligência de negócio, envolvendo conhecimentos de estatística, matemática, construção e análise de gráficos" (*ibidem*, p. 69). O profissional de relações públicas deve contratar pessoas que tenham esse tipo de experiência para obter melhor resultado com a comunicação.

A codificação de dados e construção de aplicativos é outro item fundamental. No entanto, assim como no item anterior, cabe ao profissional de relações públicas contratar pessoas adequadas para que a codificação de dados resulte na construção de aplicativos pertinentes a cada público.

Por fim, a reconfiguração da noção de públicos é um dos pontos mais importantes para que o profissional de relações públicas desenvolva suas atividades na contemporaneidade. É preciso ter em mente que os públicos em relações públicas têm "multidirecionalidade, equivalência de vozes e autogeração de conteúdos" (*ibidem*, p. 69) como posturas do cenário digital.

Os desafios e as tendências para as organizações, os quais reunimos a seguir, constituem o último dos fatores que antecedem a proposta do modelo 3D de gestão da comunicação na sociedade digital.

- Assumir uma postura diferenciada para a estratégia e o planejamento das atividades de comunicação e sua alocação na estrutura organizativa da empresa e na imbricação com a respectiva cultura.
- Absorver a cultura da sociedade digitalizada de forma integral, ou seja, internamente com seus funcionários e nas atividades de comunicação com seus diversos públicos. Isso implica diminuir a contratação de atividades terceirizadas.

- Buscar um ponto de equilíbrio entre aquilo que a empresa tem condições de planejar e executar na comunicação e as características e culturas de seus públicos e mercados.
- Pensar na comunicação das organizações por meio de propostas de estratégia e planejamento integrado, como a ecologia da mídia e o *social business*.
- A proposta da ecologia da mídia apresenta, como um dos pontos de destaque, que "nas ambiências digitais, no ecossistema midiático, o papel de mediação deixa de ser exclusivo das organizações devido ao protagonismo dos demais integrantes do sistema por causa das tecnologias sociais" (*ibidem*, p. 71). Barrichello *et al.* (2013) compreendem as práticas de relações públicas da ótica da ecologia das mídias, conforme vimos no capítulo anterior.

Na opinião de Corrêa (*ibidem*, p. 71), o desafio para as organizações na proposta da ecologia da mídia "inicia-se no conhecimento, na compreensão e na identificação do ecossistema midiático no qual elas se inserem". Nesse sentido, é importante para o profissional de relações públicas compreender que "tal processo resulta na clareza de que a comunicação irá ocorrer em inter-relação contínua com todos os componentes do ecossistema, sejam estes posicionados interna ou externamente em relação ao ambiente organizacional" (idem). Soma-se a isso "o estado de mutação e adaptação contínuo das atividades comunicativas da organização em razão das flutuações naturais do próprio ecossistema – aquelas que ocorrem tipicamente na sociedade, na cultura, na tecnologia e no mercado" (idem).

A segunda proposta para pensar estrategicamente a comunicação das organizações na contemporaneidade é o *social business*, desenvolvida por um conjunto de profissionais do mercado e sistematizada por Armano e Dachis (2009). São características fundantes desse posicionamento estratégico a resiliência, a flexibilidade e o social (o conversacional, o dialógico e o relacional), constituindo a participação humana o elemento principal de todo o processo. "É a imprevisibilidade do comportamento humano associada à velocidade de mutação das TICs que concentra os pontos nevrálgicos do sucesso do *social business* no cenário da digitalização" (2016, p. 72-73). Nessa proposta, organizações e sociedade convivem em redes, sobretudo as redes digitais, ou seja, elas estão interconectadas de alguma forma. A autora ainda compara a proposta do *social business* com a do ecossistema da mídia. Enquanto este último enfatiza uma ação mais focada na integração da comunicação e do marketing, o *social business* abarca uma ação em rede ecossistêmica de todas as áreas da organização, como tecnologia da informação, pesquisa e desenvolvimento, recursos humanos, desenvolvimento de produtos etc.

Finalmente, após descrevermos os fatores que antecedem a proposta final do modelo, apresentaremos o modelo 3D de gestão da comunicação de Corrêa (2016) com base nos apontamentos realizados anteriormente.

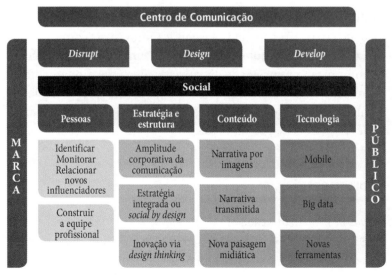

Fonte: Saad (2016, p. 74).

Figura 15 – Modelo 3D de gestão da comunicação.

Segundo Corrêa, o modelo 3D é direcionado para as organizações que queiram criar modelos de comunicação baseados no ecossistema da mídia ou no *social business*. Primeiramente, a empresa deve assumir a postura do *disrupt*, que significa romper com paradigmas tradicionais que pautam sua comunicação e seu relacionamento com seus públicos. Em um segundo momento, a empresa deve assumir a postura do design, que se refere à reorganização das atividades e dos processos com vistas a um olhar mais voltado à comunicação digital. E, por fim, a empresa deve assumir uma postura de *develop* relativa ao desenvolvimento e à implementação das mudanças definidas pelo *disrupt* e reconfiguradas pelo design.

O objetivo do modelo é o diálogo entre a organização e seus públicos por meio dos quatro grupos de gestão envolvidos na comunicação: 1) gestão de pessoas, com uma equipe preparada para monitorar, dialogar e influenciar os públicos; 2) gestão de estratégias e da estrutura da organização, para garantir a amplitude, manutenção e constante inovação do processo de comunicação por toda a empresa; 3) gestão do conteúdo, focado nos formatos narrativos textuais, visuais e audiovisuais com os públicos; 4) gestão da tecnologia, "na medida em que todo o processo de comunicar, na sociedade digitalizada, depende diretamente de adequação de plataformas sociais, da gestão de bancos de dados atualizados, do uso de tecnologias da mobilidade, entre outras variáveis" (Corrêa, 2016, p. 75).

## MODELOS DE NEGÓCIO

### CANVAS DE MODELO DE NEGÓCIOS

Segundo Osterwalder e Pigneur (2011), o Canvas é uma ferramenta composta por nove blocos que permite criar imagens de modelos de negócios novos ou já existentes. Com base nos mesmos autores, resumiremos cada um deles.

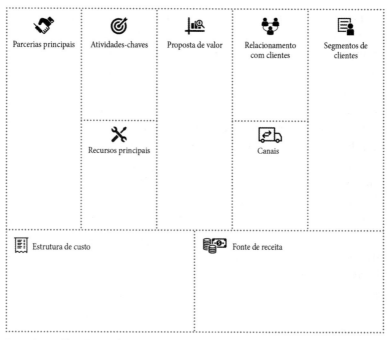

Fonte: Osterwalder e Pigneur (2011, p. 44).

Figura 16 – O Canvas de modelo de negócios.

O componente *segmentos de clientes* define os diferentes grupos de pessoas ou organizações que uma empresa busca alcançar e servir. Grupos de clientes representam segmentos distintos se: a) suas necessidades exigem e justificam uma oferta diferente; b) são alcançados por canais de distribuição diferentes; c) exigem diferentes tipos de relacionamento; d) têm lucratividades substancialmente diferentes; e) estão dispostos a pagar por aspectos diferentes da oferta.

O componente *proposta de valor* descreve o pacote de produtos e serviços que criam valor para um segmento de clientes específico. A proposta de valor é uma agregação ou conjunto de benefícios que uma empresa oferece aos clientes.

O componente *canais* descreve como uma empresa se comunica e alcança seus segmentos de clientes para entregar uma proposta de valor. Os canais servem a diversas funções, entre elas: a) ampliar o conhecimento dos clientes sobre os produtos e serviços da empresa; b) ajudar os clientes a avaliar a proposta de valor de uma empresa; c) permitir que os clientes adquiram produtos e serviços específicos; d) levar uma proposta de valor aos clientes; e) fornecer suporte ao cliente após a compra.

O componente *relacionamento com clientes* descreve os tipos de relação que uma empresa estabelece com segmentos de clientes específicos. A relação com clientes pode ser guiada pelas seguintes motivações: a) conquista do cliente; b) retenção do cliente; c) ampliação das vendas.

O componente *fontes de receita* representa o dinheiro que uma empresa gera a partir de cada segmento de clientes. Um modelo de negócios pode envolver dois tipos diferentes de fonte de receita: 1) transações de renda resultantes de pagamento único; 2) renda recorrente, resultante do pagamento constante, advindo da entrega de uma proposta de valor aos clientes ou do suporte pós-compra.

O componente *recursos principais* descreve os recursos mais importantes exigidos para fazer um modelo de negócios funcionar. Eles permitem que uma empresa crie e ofereça sua proposta de valor, alcance mercados, mantenha relacionamentos com os segmentos de clientes e obtenha receita. Os recursos principais podem ser físicos, financeiros, intelectuais ou humanos. Podem pertencer à empresa, ser alugados por ela ou adquiridos de parceiros-chave.

O componente *atividades-chave* descreve as ações mais importantes que uma empresa deve realizar para fazer seu modelo de negócios funcionar. Todo modelo de negócios pede por um número de atividades-chave. Por exemplo, para a consultoria McKinsey, as atividades-chave incluem a resolução de problemas.

O componente *parcerias principais* descreve a rede de fornecedores e os parceiros que põem o modelo de negócios para funcionar. Há quatro tipos diferentes de parceria: 1) alianças estratégicas entre não competidores; 2) coopetição: parcerias estratégicas entre concorrentes; 3) *joint ventures* para desenvolver novos negócios; 4) relação comprador-fornecedor para garantir suprimentos confiáveis.

O componente *estrutura de custo* descreve todos os custos envolvidos na operação de um modelo de negócios ou os custos mais importantes envolvidos na operação de um modelo específico. Criar e oferecer valor, manter o relacionamento com clientes e gerar receita implicam custos.

A descrição do Canvas mostrou que é possível aplicar esse modelo em projetos de comunicação e relações públicas específicos ou ainda em programas mais abrangentes. De acordo com Osterwalder e Pigneur (2011), o Canvas já foi usado no e-commerce, em projetos do setor público, em ONGs e em projetos para comunicar a aceleração de inovações tecnológicas aos funcionários, bem como estabelecer uma linguagem comum entre os colaboradores de uma empresa.

## MODELO DE NEGÓCIOS DE CAUDA LONGA

A cauda longa representa uma mudança cultural e econômica nos negócios, pois muda o foco das vendas. É um modelo que não prioriza a venda de grandes sucessos e em grande quantidade para públicos de massa, mas a venda de produtos diversificados, em menos quantidade, para diversos nichos de públicos. A soma das vendas dos pequenos nichos, em muitos casos, supera as vendas de sucessos para a massa.

De acordo com Chris Anderson (2006), cada vez mais o mercado de massa se converte em massa de nichos. O novo mercado de nichos não está substituindo o tradicional mercado de sucessos; apenas, pela primeira vez, os dois estão dividindo o palco.

Para Osterwalder e Pigneur (2011), a cauda longa representa uma mudança de paradigma na mídia em que muitas vendas infrequentes podem produzir receita agregada equivalente ou até mesmo superior àquela produzida pelo foco nos produtos de sucesso.

A cauda longa explica como a tecnologia está convertendo o mercado de massa em milhões de nichos. De acordo com Anderson (2006), embora ela se manifeste principalmente como fenômeno da internet, não começou com a web, e sim com a culminância de uma sucessão de inovações em negócios que remontam a mais de um século. Para ele, avançamos na maneira como descobrimos, produzimos, distribuímos e vendemos bens. A contribuição da internet foi criar condições para que as empresas entrelaçassem esses tipos de melhoria a fim de ampliar seu poder e estender seu alcance.

O modelo de negócio da cauda longa pode ser aplicado em diversos mercados. Anderson (2006, p. 11) explica que os leitores viram caudas longas em todos os lugares, como em política, relações públicas, partituras musicais, jogos etc. Para o autor,

> o que o público captou por intuição foi que os novos níveis de eficiência em distribuição, fabricação e marketing estavam mudando os critérios de viabilidade comercial. A principal característica dessas forças é sua capacidade de converter clientes, produtos e mercados deficitários em lucrativos.

Assim, a ideia da cauda longa tem que ver com a economia da abundância, em que tudo se torna disponível para todos.

## AS TRÊS FORÇAS DAS CAUDAS LONGAS

As caudas longas surgem por meio de três forças. A primeira delas é a democratização das ferramentas de produção. Segundo o autor (*ibidem*, p. 52), "o melhor exemplo disso é o computador pessoal, que pôs todas as coisas, desde as máquinas de impressão até os estúdios de produção de filmes e de músicas, nas mãos de todos". O acesso das pessoas às tecnologias permitiu que qualquer um pudesse criar coisas que antes eram possíveis somente para as empresas e os grandes produtores.

A segunda força é a redução dos custos de consumo pela democratização da distribuição. Anderson (*ibidem*, p. 53) explica que "o fato de qualquer um ser capaz de produzir conteúdo só é significativo se outros puderem desfrutá-lo. O PC transformou todas as pessoas em produtores e editores, mas foi a internet que converteu todo mundo em distribuidores".

A terceira força é a ligação entre oferta e demanda. O importante aqui é fazer que o cliente encontre, de forma cada vez mais rápida, os produtos, os serviços e as informações que procura nos nichos. A Figura 17 resume as três forças.

| | Força | Negócio | Exemplo |
|---|---|---|---|
| 1 | Democratização da produção | *Produtores e fabricantes* de ferramentas de cauda longa | Câmeras de vídeo digitais, software para edição de música e vídeo, ferramentas de blogging |
| 2 | Democratização da distribuição | *Agregadores* da cauda longa | Amazon, eBay, iTunes, Netflix |
| 3 | Ligação entre oferta e demanda | *Filtros* da cauda longa | Recomendações do Google, dos blogues e da Rhapsody, e listas de best-sellers |

Fonte: Anderson (2006, p. 55).

Figura 17 – As três forças das caudas longas.

### A CAUDA LONGA E A ECONOMIA DA REPUTAÇÃO

Para entendermos a relação da cauda longa com a reputação, precisamos, primeiramente, olhar para o topo da cauda. Nessa parte, estão os produtos de sucesso, a produção de grandes empresas e profissionais. Portanto, predominam os aspectos de negócio e o dinheiro impulsiona o processo. Segundo Anderson (2006, p. 71), "os custos de produção e de distribuição são altos demais para que a economia fique em segundo plano em relação à criatividade".

Ao dirigirmos o olhar para o restante da cauda, ou seja, a parte de baixo, veremos que os diversos produtores, bem como a diversificação de itens ofertados, não são impulsionados pelo lucro e sim pela reputação. No topo da cauda as pessoas criam por trabalho, o que acaba sendo a fonte de renda. Na parte de baixo, as pessoas criam voluntariamente, por diversos motivos. Anderson (*ibidem*, p. 71) explica que a razão por que o fenômeno assume características de economia é a existência de uma moeda tão valiosa quanto o dinheiro: a reputação. Segundo o autor, "medida pelo grau de atenção atraída pelo produto, a reputação pode ser convertida em outras coisas de valor: trabalho, estabilidade, público e ofertas lucrativas de todos os tipos".

## A CAUDA LONGA E A ARQUITETURA DA PARTICIPAÇÃO

Na medida em que vamos descendo a cauda e quanto mais ela vai se alongando, maior é a possibilidade de participação de qualquer pessoa. A internet e o acesso das pessoas às tecnologias digitais permitiram que a linha tradicional entre produtores e consumidores se tornasse menos nítida. De acordo com Anderson (2006, p. 81),

> alguns criam a partir do nada; outros modificam os trabalhos alheios, remixando-os de maneira literal ou figurativa. No mundo dos blogues, falamos de "ex-público" – leitores que deixaram de ser consumidores passivos e passaram a atuar como produtores ativos, comentando e reagindo à grande mídia por meio de seus blogues.

Dessa forma, verificamos a evolução da participação das pessoas na descida da cauda e a consequente mudança no modelo de negócio das empresas. A Figura 19, no final deste capítulo, explica esse processo na atividade de relações públicas.

## AS NOVE REGRAS PARA CRIAR A CAUDA LONGA

Antes de listar as nove regras que Anderson (2006) elegeu como necessárias para criar um projeto de cauda longa, o autor apresenta dois imperativos. O primeiro é: "disponibilizar tudo". O segundo é: "ajudar-me a encontrá-lo".

"Disponibilizar tudo" para uma empresa significa colocar à disposição de seus públicos todos os seus produtos, inclusive aqueles que não foram para as prateleiras ou não tiveram grandes lançamentos. "Ajudar-me a encontrá-lo" complementa o primeiro imperativo, pois de nada adianta disponibilizar produtos se os públicos não conseguem encontrá-los com facilidade. Empresas com produtos de busca, como o Google, avaliações feitas por usuários, comentários, rankings, entre outros, são exemplos que cumprem com essa premissa.

As regras para criar a cauda longa se dividem em três blocos. A Figura 18 resume-as.

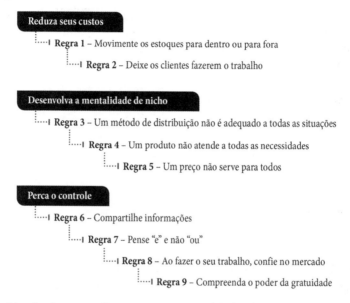

Fonte: elaborado pela autora com base nas nove regras praticadas pelos agregadores de cauda longa bem-sucedidos e descritos por Chris Anderson (2006, p. 216-22).

Figura 18 – As regras para criar a cauda longa.

Apresentaremos, a seguir, de forma resumida, cada uma das regras apresentadas pelo autor.

**PILAR 1 – REDUZA SEUS CUSTOS**
Regra 1 – Movimente os estoques para dentro ou para fora
Exemplo: para oferecer ainda mais variedade, empresas como Amazon desenvolveram "estoques virtuais", formados por produ-

tos armazenados nos depósitos dos parceiros, mas exibidos e vendidos em seu próprio site.

### Regra 2 – Deixe os clientes fazerem o trabalho

Exemplo: a produção colaborativa forneceu à Netflix centenas de milhares de resenhas de filmes. Anderson (2006, p. 217) explica que "apenas a produção colaborativa é capaz de ir tão longe na cauda longa. E, no caso de autosserviço, o trabalho está sendo feito pelos indivíduos mais interessados em seus resultados, e que conhecem melhor as próprias necessidades".

### PILAR 2 – DESENVOLVA A MENTALIDADE DE NICHO

### Regra 3 – Um método de distribuição não é adequado a todas as situações

Exemplo: uma empresa que vende roupas deve oferecer seus produtos na loja física, pela internet ou ainda por meio de aplicativos.

### Regra 4 – Um produto não atende a todas as necessidades

Exemplo: já passamos pela época em que só havia uma maneira de comprar música: os CDs/discos/fitas completos. Agora, são muitas as possibilidades: álbum, faixa individual, toque de telefone, amostra grátis de 30 segundos, vídeo de música e remix, entre outras. Anderson (2006) explica que a estratégia vencedora é desagregar o conteúdo em suas partes componentes ou microfatias, de modo que as pessoas possam consumi-las da maneira que quiserem, além de misturá-las com outro conteúdo para criar algo novo. Para o autor (*ibidem*, p. 219), "cada recombinação explora diferentes redes de distribuição e alcança diferentes públicos. Um tamanho para cada um; muitos tamanhos para muitos".

### Regra 5 – Um preço não serve para todos

Exemplo: a mesma loja de roupas da Regra 3 pode oferecer um preço para o cliente que prefere experimentar a roupa no local e outro preço, mais baixo, para o cliente que compra pela internet. Como explica Anderson (2006, p. 219), "diferentes pessoas estão dispostas a pagar diferentes preços pelas mais diversas razões, como, por exemplo, o dinheiro ou o tempo disponível".

### PILAR 3 – PERCA O CONTROLE

Regra 6 – Compartilhe informações

Exemplo: em determinada loja, os vendedores sabem o que vende mais, porém não fornecem nenhuma indicação aos clientes. Em outra loja, os vendedores orientam os clientes. Anderson (2006, p. 220) explica que "o mesmo se aplica à 'classificação por preço', 'classificação por avaliação' e 'classificação por fabricante'. Todos esses dados já existem; a questão é como melhor compartilhá-los com os clientes".

Regra 7 – Pense "e" e não "ou"

Exemplo: na empresa de roupas, pense em uma diversidade de cores e modelos e não em uma cor ou outra, ou, ainda, num modelo com uma cor e outro, com outra.

Regra 8 – Ao fazer o seu trabalho, confie no mercado

Exemplo: os mercados on-line são indicadores eficientes da sabedoria das multidões. Anderson (2006, p. 221) explica que, "por serem ricos em informação, é relativamente fácil comparar mercadorias e difundir opiniões".

Regra 9 – Compreenda o poder da gratuidade

Exemplo: os serviços de controle de armazenamento virtual (*cloud services*) oferecidos por algumas empresas são um deles. Esse tipo de serviço, gratuito de início, passa a ser cobrado na medida em que o cliente precisa de mais espaço de armazenamento. Anderson (2006, p. 221) explica que "uma das características mais poderosas dos mercados digitais é tornarem a gratuidade acessível". Dessa forma, a empresa pode atrair mais clientes pelo simples fato de oferecer uma experimentação gratuita.

## A CAUDA LONGA NA COMUNICAÇÃO CONTEMPORÂNEA

É possível aplicarmos a cauda longa em projetos de comunicação para as empresas? Como pensar a comunicação na contemporaneidade por meio dela?

O modelo de negócio da cauda longa pode ser aplicado em diversos mercados, como disse Anderson (2006). Da mesma forma que nos produtos, na comunicação ele também representa uma mudança cultural e econômica, pois altera o foco da comunicação. Esta deixa de ser "de mão única", ou seja, da empresa para os públicos em geral e focada apenas na mídia tradicional (TV, rádio etc.), e passa a ser direcionada para nichos de públicos específicos com uma diversidade de tipos de mídia. Em outras palavras, a empresa passa a oferecer um conjunto de possibilidades de comunicação para interagir com os seus públicos. Não há substituição na forma de a empresa se comunicar com seus públicos; os nichos de público não substituirão o público de massa. O importante é saber trabalhar com os dois.

A contribuição da internet para o relacionamento entre empresas e públicos se dá por meio das inúmeras possibilidades de interação do indivíduo com a marca. Nesse sentido, visto que a ideia da cauda longa tem que ver com a economia da abundância, em que tudo se torna disponível para todos, podemos inferir que a cauda longa na comunicação tem que ver com a economia da interação.

As três forças da cauda longa também se aplicam à comunicação. A democratização das ferramentas de produção permitiu que qualquer um desenvolva formas de se comunicar no ambiente digital. A segunda força, a democratização da distribuição, permitiu, graças à internet, que o conteúdo gerado pelas pessoas pudesse ser espalhado. Por fim, a terceira força, que é a ligação entre oferta e demanda, possibilitou que os públicos pudessem encontrar com mais facilidade o que procuram, assim como conseguissem dialogar com as empresas de maneira mais eficiente.

A cauda longa da comunicação encontra relação com a economia da reputação na medida em que valoriza o comentário e a participação dos públicos. A interação com o indivíduo é a melhor forma de ganhar sua atenção.

Ao olharmos para o topo da cauda, veremos a comunicação de grandes empresas e o trabalho de profissionais contratados para isso. Portanto, predominam os aspectos de negócio e o dinheiro impulsiona o processo. A interação com os públicos é baixa, pois predominam os veículos de comunicação de massa.

Ao dirigirmos o olhar para o restante da cauda, ou seja, a parte de baixo, veremos que as empresas e sua diversificação de itens de comunicação ofertados, embora tenham interesses voltados ao lucro, ganham muito mais em reputação. Isso se deve ao fato de na parte de baixo da cauda a interação ser a causa do sucesso. Quanto mais uma empresa interagir com o indivíduo, melhor será o resultado para a marca. As pessoas interagem voluntariamente por diversos motivos. A reputação, como já disse Anderson (2006), é medida pelo grau de atenção atraída pelo produto. Nesse caso, a reputação é medida pelo grau de interação entre empresas e públicos.

No que tange à arquitetura da participação, a cauda longa da comunicação apresenta uma mudança nítida no modelo de comunicação das empresas. Verificamos a evolução da participação dos públicos ao longo da descida da cauda.

Diante dessa apresentação teórica inicial, podemos, agora, aplicar a cauda longa em um breve exemplo. Vamos pensar em um projeto de comunicação institucional no qual a marca X deseja ganhar visibilidade e confiança perante seus públicos no ambiente digital. Precisamos levar em conta a diversidade de públicos da empresa. A Figura 19 mostra que a estratégia escolhida pela empresa foi a de atuar nas duas partes da cauda.

Parte de cima da cauda: a empresa veiculou uma propaganda institucional na TV, em algumas revistas e em jornais de grande circulação.

Parte abaixo da cauda: a empresa adaptou o conteúdo da propaganda institucional para cada um dos tipos de mídia social digital nos quais seus públicos podem estar presentes. Foram também desenvolvidos projetos de relacionamento com públicos específicos com o objetivo de interagir com eles e criar laços fortes (veja o Capítulo 6).

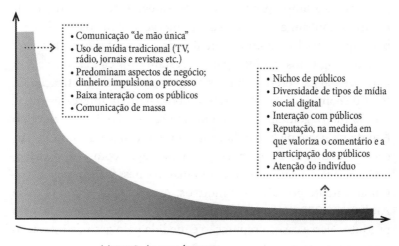

Figura 19 – A cauda longa na comunicação contemporânea.

**CAUDA LONGA APLICADA AO MODELO CANVAS**

Assim como exemplificamos um projeto de cauda longa na comunicação, vamos mostrar um exemplo de cauda longa no modelo Canvas, aplicado por Osterwalder e Pigneur (2011), e, com base nele, mostraremos uma possibilidade de aplicação do modelo Canvas na comunicação.

A Lego começou a fabricar seus famosos blocos de montagem em 1949. Devido à intensa competitividade na indústria de brinquedos, a empresa buscou caminhos inovadores para continuar crescendo. Em 2005, ela apresentou o Lego Factory, que permite aos clientes montar seu próprio kit Lego e comprá-lo on-line. Utilizando um software denominado Lego Digital Designer, os clientes podem inventar e projetar prédios, veículos, temas e personagens, escolhendo entre milhares de componentes e várias cores.

De acordo com Osterwalder e Pigneur (2011, p. 72), "em termos de modelo de negócios, entretanto, a Lego deu um passo além da personalização em massa, entrando no território da cauda longa". As nove etapas explicam como a cauda longa da Lego foi aplicada ao modelo Canvas.

1. *Parcerias principais*: clientes que constroem novo modelos e postam on-line se tornam parceiros principais, gerando conteúdo de valor. Na comunicação: quem poderiam ser os parceiros principais de um projeto de comunicação em uma empresa? Os públicos aos quais o projeto está relacionado, pois estes podem gerar conteúdo de valor para a marca.

2. *Atividades-chave*: a Lego precisou fornecer e gerenciar a plataforma e a logística que permitem o empacotamento e a entrega dos kits gerados pelo usuário. Na comunicação: quais seriam as plataformas utilizadas para que a empresa possa interagir com seus públicos? As plataformas podem ser próprias, como o site da marca, um blogue e/ou aplicativos, ou também de domínio de outras mídias, como o Facebook e o Instagram.

3. *Recursos principais*: a Lego ainda não adaptou totalmente seus recursos e suas atividades, que ainda são otimizados para o mercado de massa. Na comunicação: será que a sua empresa está preparada para interagir com os públicos no ambiente digital? Existem recursos para isso? Os recursos principais, na comunicação, estão voltados à equipe de pessoas e às plataformas que serão utilizadas.

4. *Proposta de valor*: a Lego Factory expande substancialmente o escopo das ofertas de kits, dando aos fãs da Lego ferramentas para construí-los, demonstrá-los e vendê-los. Na comunicação: qual seria a proposta de valor na comunicação? Em outras palavras, que conjunto de benefícios a empresa pode oferecer, em um projeto de comunicação, para seus públicos? A atenção dada ao indivíduo e não apenas ao grupo com respostas padronizadas é fundamental. No entanto, os benefícios para o público devem ir além disso, como valorizar a opinião e a participação dele no projeto, construir com ele algo com que se sinta beneficiado, oferecer um produto ou serviço como recompensa, entre outras possibilidades.

5. *Relacionamento com clientes*: a Lego Factory constrói uma comunidade de cauda longa incluindo os clientes que estão realmente interessados no conteúdo de nicho e querem ir além dos kits de prateleira. Na comunicação: qual seria a comunidade de cauda longa na comunicação? Ou, ainda, como construir uma comunidade com os públicos? O relacionamento com o cliente ou com os públicos de determinado nicho é o cerne do projeto de comunicação; por isso, construir uma comunidade e interagir com uma proposta de valor é fundamental.

6. *Canais*: a existência da Lego Factory depende fortemente da web. Na comunicação: quais seriam as mídias sociais digitais utilizadas para a interação da empresa com seus públicos de nicho? Nesse sentido, a comunicação também depende da web.

7. *Segmentos de clientes*: milhares de novos kits personalizados complementam os conjuntos-padrão. A Lego Factory conecta clientes que criam modelos personalizados com outros clientes, aumentando as vendas. Na comunicação: de que forma a comunicação pode criar uma ação que conecte os públicos? Desenvolver um produto ou uma nova embalagem para determinado produto é um exemplo de ação que pode ser realizada de forma colaborativa com os públicos.

**8.** *Estrutura de custo*: a Lego Factory alavanca os custos de produção e logística já embutidos no modelo tradicional de varejo. Na comunicação: quais seriam os custos para pensar em estratégias de comunicação baseadas na interação digital? Certamente são muitos, entre eles funcionários com conhecimento de mídia digital, plataformas próprias ou pagas, conteúdo adequado e criativo, influenciadores, produção de vídeos etc.

**9.** *Fontes de receita*: a Lego Factory visa gerar pequena receita a partir de um grande número de itens projetados por clientes. Isso representa uma adição valiosa à tradicional receita de altos volumes do varejo. Na comunicação: qual seria a receita advinda de um grande número de interações com os públicos? Certamente seria uma adição valiosa à imagem e à reputação da empresa – e, quem sabe, às vendas de determinado produto.

## ELEMENTOS DOS MODELOS QUE CARACTERIZAM A COMUNICAÇÃO NA CONTEMPORANEIDADE

Depois de descrevermos 13 modelos de comunicação e dois modelos de negócio, podemos refletir sobre dois aspectos que permeiam todos eles. O primeiro deles é que todos, de alguma maneira, caracterizam a prática da atividade de relações públicas, pois estamo-nos referindo a uma função de gestão da comunicação nas organizações feita por meio do uso de determinado modelo ou de estratégias que estão inseridas em diversos modelos. Vale ressaltar que é muito difícil uma organização utilizar algum modelo em sua integridade. Aliás, não acreditamos nisso. Acreditamos que os profissionais de relações públicas devem criar modelos com base nas estratégias que melhor se adaptem à cultura, à missão, à visão e aos valores de cada empresa.

O segundo aspecto é que todos os modelos têm elementos marcantes inerentes à sua execução. Percebemos que o diálogo, a simetria, o relacionamento, a integração, a visibilidade e a interação são características almejadas no conjunto dos modelos, independentemente do período em que foram elaborados.

Além disso, detectamos, nos modelos mais contemporâneos, elementos marcantes do ambiente digital, como o multiculturalismo, a cooperação, o digital integrado à comunicação tradicional e ao negócio, a adaptabilidade, a fluidez, a não intermediação, a circulação, o hibridismo, o *storytelling*, a quantificação e mensuração de dados, a construção de aplicativos, a mobilidade, a geolocalização, o *Big Data*, a ubiquidade e a reconfiguração da noção de públicos.

Esses elementos são considerados essenciais para o profissional de relações públicas desenvolver um modelo de comunicação e reforçam o contexto da atividade de relações públicas na contemporaneidade. No entanto, isso não significa que todos os elementos devem ser usados; ao contrário, cada empresa tem seu tempo de adequação e aceitação ao ambiente digital. O mais importante é o profissional de relações públicas compreender que tais temas fazem parte da sua atividade. Ele também deve levar em conta que, para implementar essas ferramentas, faz-se necessário interagir com outros campos que não apenas o seu para ter sucesso na atividade. A Figura 20 resume este capítulo.

**Modelos de Grunig e Hunt**
Grunig e Hunt (1984). (1) agência de imprensa/divulgação, (2) informação pública, (3) assimétrico de duas mãos e (4) simétrico de duas mãos.

**Novo modelo de simetria como prática bidirecional**
Dozier *et al.* (1995). Descreve os dois lados do contínuo como assimétricos.

**Modelo de gerenciamento estratégico de relações públicas**
Grunig (2009). Amplia o número e os tipos de mídia e as atividades de comunicação.

**Modelo de negócios de cauda longa**
Anderson (2006). Explica como a tecnologia está convertendo o mercado de massa em milhões de nichos.

**Filosofia da comunicação integrada**
Kunsch (2003). Convergência e sinergia das áreas institucional, mercadológica, interna e administrativa.

Características que permeiam os modelos em maior ou menor grau: diálogo, relacionamento, integração, interação, visibilidade, simetria, multiculturalismo, cooperação, digital integrado à comunicação tradicional e ao negócio, adaptabilidade, fluidez, não intermediação, circulação, hibridismo e *storytelling*.

**Comunicação integrada digital**
Corrêa (2009). Atrelado ao modelo de Kunsch, porém com a inclusão da comunicação digital.

**Canvas de modelo de negócios**
Pigneur e Osterwalder (2011). Ferramenta que permite criar imagens de modelos de negócios novos ou já existentes.

**Modelo estabelecido *versus* modelo emergente**
Edelman (2006). Mudança da tradicional pirâmide de influência (de cima para baixo) para um paradigma mais fluido, colaborativo e horizontal.

**Modelo 3D de gestão da comunicação na sociedade digital**
Corrêa (2016). Criar modelos de comunicação baseados no ecossistema da mídia ou no *social business*.

**Modelo híbrido de circulação pervasiva**
Jenkins, Ford e Green (2013). Uma combinação de forças determina como o material é compartilhado nas diferentes culturas de forma muito mais participativa e desordenada.

***The media cloverleaf*** – Modelo de relacionamento do ecossistema de mídia**
Brain (2012). Formado por quatro tipos de mídia distintos, porém relacionados: tradicional, híbrida, de propriedade e social.

Figura 20 – Modelo de comunicação e de negócios em relações públicas.

# 6.
## Interação e visibilidade na comunicação contemporânea

O CAPÍTULO ANTERIOR DESCREVEU 15 modelos estratégicos de comunicação e negócio que contribuem para a gestão da comunicação na contemporaneidade. Apontamos os aspectos mais representativos no conjunto dos modelos com o objetivo de tentar encontrar elementos que indicassem – ou fizessem parte de – uma comunicação contemporânea. Entre esses aspectos, o presente capítulo se aprofundará na variável interação e mostrará a sua relação com a visibilidade, com o propósito de demonstrar sua representatividade na comunicação de uma sociedade cada vez mais digitalizada.

Diante das variáveis que foram percebidas entre os 15 modelos, optamos por fazer um estudo aprofundado da interação por quatro razões: 1) ela foi a característica presente em todos os modelos, inclusive naqueles criados antes de 2004, ou seja, em um período anterior à era da interação digital; 2) estamos falando da atividade de relações públicas na contemporaneidade e isso implica o uso de plataformas com características específicas disponíveis a partir da Web 2.0, como a interação; 3) entendemos a interação como parte da essência da atividade de relações públicas, visto que estamos falando de relacionamento entre uma organização e seus públicos nas suas mais diversas formas; 4) há estudiosos do tema que tratam dessa variável como intrínseca à comunicação mediada pelas tecnologias de comunicação, conforme veremos a seguir.

## A INTERAÇÃO NA COMUNICAÇÃO CONTEMPORÂNEA

A interação entre os indivíduos sempre existiu. O que mudou ao longo da história e, principalmente, após o advento das TICs foram as formas de interagir com o outro. Thompson (2014) explica que o desenvolvimento dos meios de comunicação cria novas formas de ação e interação, novos tipos de relacionamento social e, consequentemente, uma complexa reorganização de padrões de interação humana através do espaço e do tempo.

Nesse sentido, o autor desenvolve uma estrutura conceitual para analisar essas formas de ação e interação criadas pela mídia. Ele distingue três tipos de interação: a face a face, a mediada e a quase interação mediada.

A interação face a face é a mais antiga. Nela, os participantes estão no mesmo ambiente e conversam no mesmo espaço de tempo, por isso podem fazer uso de expressões denotativas, como "aqui", "agora" e "este", além de empregar uma multiplicidade de deixas simbólicas para transmitir mensagens e interpretar as que cada um recebe do outro, como as piscadelas, os sorrisos e o franzimento de sobrancelhas.

Uma das diferenças mais significativas da interação face a face para a interação mediada é que, nesta última, as pessoas não compartilham mais o mesmo local; com isso, não há mais a presença física e sim o uso de um meio técnico (papel, fios elétricos, ondas eletromagnéticas etc.), que possibilita a transmissão de informação e conteúdo simbólico para indivíduos situados remotamente no espaço, no tempo, ou em ambos, como explica Thompson (2014). Além disso, ainda segundo o autor, as interações mediadas também implicam certo estreitamento na possibilidade de deixas simbólicas disponíveis aos participantes, como as deixas físicas (gestos, entonação etc.) e as deixas visuais. No entanto, dependendo da interação, tais deixas são substituídas por outras, como no caso do contato telefônico, em que os aspectos orais são acentuados. Por fim, "estreitando as possibilidades de deixas simbólicas, os indivíduos têm que se valer se seus próprios recursos para interpretar as mensagens transmitidas" (*ibidem*, p. 121).

Finalmente, a quase interação mediada é aquela que se refere às relações sociais estabelecidas pelos meios de comunicação de massa (livros, jornais, rádio, televisão etc.). Ela se dissemina através do espaço e do tempo e apresenta dois aspectos-chave: as formas simbólicas são produzidas para um número indefinido de receptores potenciais; ela é monológica, isto é, o fluxo da comunicação é predominantemente de sentido único.

| Características interativas | Interação face a face | Interação mediada | Quase interação mediada |
|---|---|---|---|
| Espaço-tempo | Contexto de copresença; sistema referencial espaçotemporal comum | Separação dos contextos; disponibilidade estendida no tempo e no espaço | Separação dos contextos; disponibilidade estendida no tempo e no espaço |
| Possibilidade de deixas simbólicas | Multiplicidade de deixas simbólicas | Limitação da possibilidade de deixas simbólicas | Limitação da possibilidade de deixas simbólicas |
| Orientação da atividade | Orientada para outros específicos | Orientada para outros específicos | Orientada para um número indefinido de receptores potenciais |
| Dialógica/ monológica | Dialógica | Dialógica | Monológica |

Fonte: Thompson (2014, p. 123).

**Figura 21 – Tipos de interação.**

Depois de analisarmos a Figura 21, podemos dizer que a comunicação entre uma organização e seus públicos, antes das TICs, poderia apresentar as três formas de interação propostas pelo autor. No que tange aos públicos, por exemplo, em um modelo de relações públicas, a interação face a face e a interação mediada também poderiam ser planejadas para públicos específicos e a interação quase mediada, para diversos públicos por meio de uma mensagem única. Um exemplo dessa última interação é encontrado no modelo de negócio da cauda longa, quando organizações se comunicam com seus públicos no topo da cauda, ou seja, quando pensam em divulgar seus principais produtos ou a marca por meio da mídia de massa.

Embora não estejam na Figura 21, Thompson (2014, p. 123) reconhece que existem interações que não necessariamente farão parte de um dos três tipos. Ele explica que,

pelo contrário, muitas das interações que se desenvolvem no fluxo da vida diária podem envolver uma mistura de diferentes formas de interação – elas têm, em outras palavras, um caráter híbrido. Por exemplo, indivíduos podem discutir com outros numa sala enquanto assistem à televisão, combinando assim a interação face a face com a quase interação mediada na mesma situação interativa.

Percebemos que, mesmo em caráter híbrido, não há um tipo de interação em que possamos incluir a proveniente dos tempos de Web 2.0 e das mídias sociais digitais, ou seja, aquelas que surgiram após as TICs. Nesse sentido, o próprio autor acrescenta que outras formas de interação podem ser criadas pelo desenvolvimento de novas tecnologias da comunicação que permitam um maior grau de receptividade. Por exemplo, redes de computadores possibilitam a comunicação de ida e volta que não se orienta para outros específicos, como na interação mediada, mas que é de "muitos para muitos".

Assim, entendemos que a estrutura conceitual para a análise das formas de ação e interação desenvolvidas por Thompson é de caráter geral e não inclui as interações das mídias consideradas digitais, abarcando as formas de ação e interação criadas pela mídia a partir de meados do século XV até os meios eletrônicos nos séculos XIX e XX. Sobre esse aspecto, o autor (*ibidem*, p. 124) afirma: "A estrutura analítica acima deve ser entendida como um dispositivo heurístico cujo valor deveria ser julgado por sua utilidade; pode-se deixar aberta a possibilidade de que uma estrutura analítica mais elaborada venha a ser requerida para finalidades específicas".

Nessa linha da busca de finalidades específicas e com o intuito de entender como se dá a continuidade da variável interação em tempos de internet, buscamos inicialmente em Recuero (2011) uma conceituação para essa característica da comunicação na contemporaneidade.

Para a autora (*ibidem*, p. 30), a interação é um dos elementos de conexão. E as conexões em uma rede social "são constituídas dos laços sociais, que, por sua vez, são formados através da interação social entre os atores". Ela complementa que a interação seria a matéria-prima das relações e dos laços sociais. Por fim, para a mesma autora, estudar a interação social compreende estudar a comunicação entre os atores.

No que tange à interação no ciberespaço e às ferramentas de comunicação, Recuero explica que existem particularidades e fatores diferenciais para esses ambientes. O primeiro deles é que os atores não se conhecem em um primeiro momento e estão diante de um processo interativo mediado pelo computador. O segundo fator é a influência das possibilidades de comunicação das ferramentas utilizadas pelos atores, ou seja, há uma multiplicidade de ferramentas que suportam a interação, que ainda pode ser mantida quando os atores estão desconectados do ciberespaço, o que se caracteriza como uma interação assíncrona. Por outro lado, a interação também pode ser síncrona quando é imediata e em tempo real.

Assim, se formos pensar na interação entre uma empresa e seus públicos, podemos dizer que, mesmo nas mídias sociais digitais, como no Facebook ou no WhatsApp, a interação pode ser síncrona ou assíncrona. Tudo vai depender de como a empresa planeja e investe na comunicação com seus públicos. Há situações em que a interação é síncrona de segunda a sexta em horário comercial e, nos demais dias e horários, é assíncrona, pois as mensagens, nesse caso, podem ser programadas para feriados e finais de semana.

Em relação às ferramentas, Primo (*apud* Recuero, 2011, p. 32-33) estabelece uma tipologia para tratar a interação mediada por computador. Para ele, existe a interação mútua e a interação reativa. Estas formas distinguem-se pelo "relacionamento mantido":

> [...] interação mútua é aquela caracterizada por relações interdependentes e processos de negociação, em que cada interagente participa da construção inventiva e cooperada da relação, afetando-se mutuamente; já a interação reativa é limitada por relações determinísticas de estímulo e resposta.

Portanto, a interação reativa é sempre limitada para os atores envolvidos no processo. É o caso, por exemplo, da relação de um interagente com um *hiperlink* na web. Trata-se, segundo Recuero (2011, p. 33), de:

> um "vetor unidirecional", criado por alguém, que permite ao usuário unicamente ir ou não ao site para onde ele aponta. Já em outros sistemas, como nos comentários de um blogue, por exemplo, é possível realizar um diálogo não apenas entre os comentaristas, mas também com o autor do blogue. Trata-se de uma interação construída, negociada e criativa. É possível observar em um blogue não apenas a interação em um comentário, mas as relações entre as várias interações e perceber-se que tipo de relação transpira através daquelas trocas.

Se formos pensar nas plataformas mais utilizadas atualmente, como o Facebook ou o Instagram, entendemos que uma solicitação e, consequentemente, um aceite de amizade não se caracterizam por uma interação mútua. No entanto, ambas têm impacto social, já que têm também reflexos nos dois lados da relação comunicativa. Segundo Recuero (2011), quando alguém aceita ser amigo de alguém, há um reflexo no sistema (as pessoas são unidas por uma conexão) e um reflexo no indivíduo (cada um dos interagentes terá mais um "amigo", que poderá ter acesso a seus dados pessoais e enviar mensagens).

Da mesma forma, também entendemos que, quando uma empresa apresenta em uma de suas plataformas um número grande de seguidores, isso não significa que exista interação mútua entre a organização e seus públicos – nesse caso, seus seguidores. Somente existirá a interação mútua se as duas partes dialogarem, negociarem ou construírem algo que, de algum modo, as afete mutuamente. No entanto, há interação reativa, pois essa é limitada por relações determinísticas de estímulo e resposta. Exemplos: quando clicamos no botão para seguir uma página corporativa ou solicitamos uma amizade e recebemos um aceite em resposta.

Recuero (2011), ao analisar um diálogo no ciberespaço, aponta para alguns fatores característicos da interação mediada pelo computador: 1) no desenvolvimento de um diálogo, ocorre o retorno dos interagentes e opiniões diferentes; 2) os atores são identificados durante a interação, podendo resgatar o que já foi dito; 3) a conversa pode ser estendida para outras plataformas, como blogues e outras formas de comunicação mediada; 4) a construção da interação é vista com base na percepção dos demais atores e da discussão e também na negociação da interação, no direcionamento e na construção das conexões sociais; 5) a capacidade de migração, ou seja, as interações podem se espalhar entre as diversas plataformas de comunicação; 6) a interação é geradora e mantenedora de relações complexas e de tipos de valores que constroem e mantêm as redes sociais na internet; 7) a interação é também geradora de relações sociais que vão originar laços sociais.

Depois de analisarmos os tipos de interação, explicaremos as relações sociais. Para Recuero (*ibidem*, p. 37), a relação é considerada

> a unidade básica de análise em uma rede social. Entretanto, uma relação sempre envolve uma quantidade grande de interações. Por exemplo, quando alguém solicita e recebe suporte em um *fotolog*, existem três ações envol-

vidas: a de solicitar suporte, a de receber suporte e a de dar suporte. As três ações podem ser resultado de um sem-número de interações ou mesmo de uma única e constituem-se em uma relação social.

Na mesma linha do exemplo da autora, podemos pensar em uma ação qualquer de uma empresa na mídia social digital (por exemplo, no Facebook) e entender que a relação social se dá a partir do momento em que uma pessoa decide seguir a página da empresa. Essa conexão, inicialmente entre a organização e a pessoa interessada em suas mensagens, tem uma capacidade viral infinita devido às diversas conexões que as duas partes já têm e ainda poderão fazer.

De acordo com a mesma autora (*ibidem*, p. 37), as relações também podem ser conflituosas e não apenas construtivas. Além disso, a ideia de relação social independe de seu conteúdo. Para Recuero,

> o conteúdo de uma ou várias interações auxilia a definir o tipo de relação social que existe entre dois interagentes. Do mesmo modo, a interação também possui conteúdo, mas é diferente deste. O conteúdo constitui-se naquilo que é trocado através das trocas de mensagens e auxilia na definição da relação. Mas não se confunde com ela, que pode ter conteúdos variados.

Até aqui vimos que a interação gera relações sociais e estas geram os laços sociais. O conceito de laço, para alguns autores, passa pela ideia de interação social. Dessa forma, quando ele é constituído de interações e relações, é denominado laço relacional.

Recuero compreende todo laço social como relacional, pois é constituído de interação, assim como compreende os laços associativos como laços construídos por meio da comunicação mediada pelo computador mas, fundamentalmente, da interação social reativa. Já os laços dialógicos, para a autora, são compreendidos por meio da interação social mútua. A Figura 22 explica os tipos de laço e de interação.

| Tipo de laço | Tipo de interação | Exemplo |
|---|---|---|
| Laço associativo | Interação reativa | Decidir ser amigo de alguém no Facebook, trocar *links* com alguém no *Fotolog* etc. |
| Laço dialógico | Interação mútua | Conversar com alguém pelo WhatsApp, trocar recados no Facebook etc. |

Fonte: Recuero (2011, p. 40).

**Figura 22 – Tipos de laço e tipos de interação.**

Pensando no âmbito das organizações e na atividade do profissional de relações públicas, acreditamos que o relacionamento considerado ideal é o que apresenta o laço dialógico e a interação mútua, pois estabelece um contato mais próximo entre a empresa e seu público, possibilitando a construção de vínculos afetivos e de confiança entre ambos. São situações que permitem a aplicação de parte ou de tudo que alguns modelos de comunicação propõem como uma boa ação de comunicação, conforme descrevemos no capítulo anterior.

Os laços sociais também podem ser fortes e fracos. Recuero (2011) explica que laços fortes se caracterizam pela intimidade, pela proximidade e pela intenção de criar e manter uma conexão entre duas pessoas. Os laços fracos caracterizam-se por relações esparsas, que não traduzem proximidade e intimidade. No entanto, embora fracos, são fundamentais, pois conectam os grupos, constituídos de laços fortes, entre si, ou seja, conectam os *clusters* nas redes sociais.

Ambos são sempre relacionais, pois derivam da interação que, por meio do conteúdo e das mensagens, constitui uma conexão entre os atores envolvidos. Já o laço associativo tende a ser mais fraco, pois implica menos trocas.

Além das características já citadas, a mesma autora aponta que nem todos os laços são recíprocos. Podem ser assimétricos, quando os laços que conectam dois indivíduos apresentam forças diferentes, e simétricos, quando têm a mesma força. O exemplo citado por Recuero é o de indivíduos que dão pesos diferentes para uma amizade. Portanto, se ambos se consideram melhores amigos, podem estar em uma relação simétrica.

Além disso, os laços podem ser multiplexos quando o mesmo grupo interage em diferentes lugares. Para Recuero (2011, p. 42-43), "laços sociais mediados pelo computador costumam ser mais multiplexos, pois refletem interações que acontecem em diversos espaços e sistemas". Eles têm também composições diversas derivadas dos tipos de relação e do conteúdo das mensagens.

Por fim, os laços sociais são difíceis de ser percebidos na internet, mas, por meio da observação das interações, é possível identificar alguns elementos, como o grau de intimidade entre os interagentes, a natureza do capital social trocado e outras informações que auxiliam na percepção da força do laço que une cada par.

Mesmo diante das características apresentadas, há autores que argumentam que a comunicação mediada pelo computador pode reduzir o contato pessoal mais íntimo, concentrando-se nos laços mais fracos. Mas será que esses laços existiriam se não fossem tais conexões? Por outro lado, se pensarmos nas relações entre organizações em geral e seus públicos ou seguidores, os laços, mesmo fracos, são laços, o que pode ser interpretado como um aspecto positivo para uma relação que vem ganhando espaço na medida em que as tecnologias de comunicação evoluem.

Finalmente, conforme Recuero (*ibidem*, p. 43), "quanto maior o número de laços, maior a densidade da rede, pois mais conectados estão os indivíduos que fazem parte dela. Deste modo, os laços sociais auxiliam a identificar e compreender a estrutura de uma determinada rede social". Some-se a isso que a internet é um bom lugar para iniciar laços e esses podem permanecer apenas on-line ou se estender para aqueles que se dão em espaços off-line. Além disso, os laços sociais podem ser mantidos a distância e ser fortes graças a plataformas como o Skype, os *messengers*, e-mails, WhatsApp, entre outras.

## INTERAÇÃO E VISIBILIDADE

Depois de abordarmos a variável interação segundo Thompson (2014) e os aspectos de sua aplicação na contemporaneidade com Recuero (2011), encontramos em Stasiak (2014, p. 9) reflexões que complementam o conceito na era da cibercultura, bem como seus reflexos na comunicação organizacional. Ela afirma que "a presença dos públicos nas redes configura novas possibilidades para a visibilidade de mensagens". Entendemos, portanto, que a interação está condicionada à visibilidade na rede. Nas palavras da autora:

> a visibilidade inicial promovida pelo consumidor transforma-se numa intera-
> ção dentro das possibilidades da rede social. Essa é uma das principais dife-
> renças da comunicação em rede se comparada à comunicação tradicional.
> Esses processos de visibilidade e interação eram restritos antes do advento da
> internet, pois sujeitos e organizações tinham menos possibilidades de conta-
> to. E, mesmo quando esse relacionamento era estabelecido, acontecia apenas
> entre as duas instâncias, não sendo público para os demais. (Idem)

Dessa forma, entendemos que as organizações sempre puderam tornar suas ações visíveis por meios tradicionais de comunicação. Podemos dizer que a visibilidade era programada e planejada para um público de massa. Com a gama de possibilidades que a internet trouxe, principalmente no que se refere à participação dos públicos nos processos de comunicação, a visibilidade ganha outra dimensão, proporcionando interação, que, quando bem-feita, gera visibilidade. Em outras palavras, os públicos, na medida em que se manifestam e interagem com organizações, aumentam a visibilidade das empresas. Além disso, de acordo com Stasiak (2014, p. 10),

> por meio da visibilidade proporcionada pela rede, os sujeitos conferem
> sentidos às organizações, os quais se convertem em valores, como autorida-

de e reputação, e que passam a ser buscados por todas elas. Por isso é preciso refletir não apenas sobre a transposição de ações de um meio para outro, mas também sobre como as características da internet influenciam nas rotinas de comunicação de sujeitos, meios e organizações.

No que se refere à transposição de ações de um meio de comunicação para outro e às características da internet que influenciam rotinas de sujeitos, meios e organizações, acreditamos que as organizações devem adotar modelos flexíveis e não engessados de comunicação com seus públicos, pensados de acordo com cada ação, público e período. No entanto, independentemente da estratégia planejada, segundo Stasiak (2014, p. 10-11), a visibilidade continua sendo uma característica necessária, ou seja, ela é

> o ponto de partida para a troca de informações que colabora para a criação da identidade, imagem e reputação em busca da legitimação das organizações. Nesse contexto, entendemos que os dispositivos em rede elevaram a obtenção da visibilidade a algo mais profundo do que apenas "publicizar". De tal modo, pensamos que esse conceito passa a englobar fenômenos ligados à autonomia, à interação entre sujeitos e às novas formas de sociabilidade.

Se, para a autora, a visibilidade é o ponto de partida para a troca de informações, a interação pode ser entendida como matéria-prima para uma maior visibilidade, da mesma forma que, para Recuero (2011), a interação é a matéria-prima das relações e dos laços sociais que acontecem na rede.

Por fim, Stasiak (2014, p. 12) considera que

> a visibilidade das informações na internet busca a inserção da organização na rotina dos públicos que são seus principais mantenedores. Estar visível garante a permanência da organização na mente dos interlocutores, fazendo-a estar presente na construção simbólica de sua realidade.

Portanto, entendemos que a interação entre os públicos e entre empresa e públicos, nas mais diversas plataformas, contribui significativamente para a visibilidade das organizações na rede e na mente dos públicos.

Finalmente, para completar o conjunto de autores abordados para a variável interação, trouxemos a visão de Barrichello (2008), que aborda noções de visibilidade (associada ao poder) e de legitimidade (referente ao reconhecimento) de atores coletivos e individuais nas práticas e ambiências comunicativas contemporâneas – representadas sobretudo pelas práticas de relações públicas e comunicação das organizações.

Interessa-nos seu ponto de vista não apenas pela relação entre visibilidade, legitimidade e interação, mas por considerar esses fatores intrínsecos à atividade de relações públicas na contemporaneidade, objeto de estudo desta obra. Sobre esse aspecto, a autora (2008, p. 238) explica que

> as noções de visibilidade e legitimidade ainda são centrais para as áreas de relações públicas e de comunicação institucional e organizacional, porém o ambiente ficou mais complexo e perpassado por uma lógica midiatizada, na qual podem ser identificadas inúmeras possibilidades interativas e fluxos comunicacionais, proporcionados pelas tecnologias de informação e comunicação. Esses fatores, aliados à atual compressão espaço-temporal, refletem-se na relação entre públicos e organizações.

Em outras palavras, com a lógica da midiatização, são justamente essas inúmeras possibilidades interativas que entendemos como fundamentais para o profissional de relações públicas exercer sua atividade na comunicação das organizações com os públicos na atualidade. Além disso, a maioria dos modelos tratados no capítulo anterior demonstra a importância desse fator para as estratégias de comunicação, mesmo aqueles que não consideram aspectos de midiatização.

Barrichello tece considerações acerca da noção de visibilidade midiática e de alguns fatores, como a interação, que interferem no processo de legitimação das instituições na contemporaneidade. Entendemos, assim, que a autora posiciona a interação como estratégia de comunicação da visibilidade, pois, para ela, é preciso pensar as posições estratégicas e as possibilidades de estabelecer ligações e vínculos na sociedade informacional e midiatizada, principalmente no que tange às organizações e seus processos comunicacionais. Nesse sentido, ela reflete sobre a busca de legitimidade na comunicação institucional fazendo um resgate da noção de visibilidade proposta por Michel Foucault (1986), para o qual a visibilidade vai além da visualidade, por ser portadora de legitimidade. Segundo a autora (*ibidem*, p. 347), "a visibilidade se realiza no momento da recepção e as estratégias comunicativas de visibilidade articulam modos de ver, oferecem senhas de acesso e proporcionam uma interatividade que, na atualidade, desafia o tempo e o espaço".

Por fim, embora a visibilidade seja um fator pesquisado em primeiro plano por Barrichello e a interação seja considerada parte dela, as reflexões da autora nos interessam por terem ligação com a área de relações públicas, pois entendemos que, para o sucesso da atividade, bem como da visibilidade das organizações, a interação é fundante.

Dessa forma, diante do conjunto de autores pesquisados, podemos inferir que o ponto comum entre todos é que as tecnologias de comunicação que surgiram com a Web 2.0 proporcionaram outros tipos de interação que, embora distantes fisicamente, apresentam peculiaridades e intensidades. Mesmo Thompson (2014), que apresenta a ideia de interação antes das TICs, reconhece que outras formas de interação podem ser criadas pelo desenvolvimento de tecnologias de comunicação que permitem um maior grau de receptividade. A Figura 23 resume o que vimos neste capítulo.

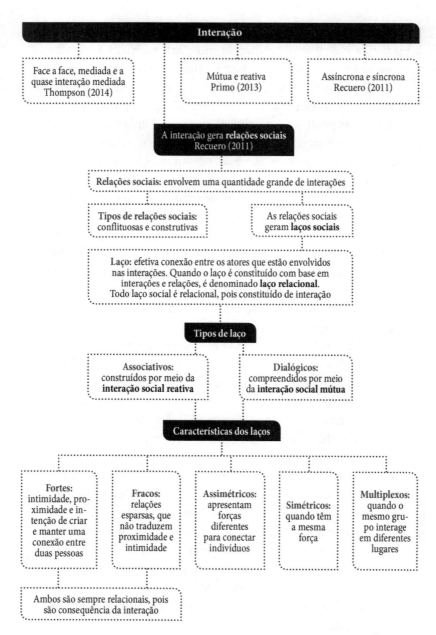

continua →

→ continuação

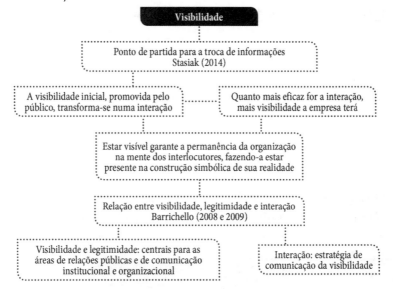

Figura 23 – Interação e visibilidade na comunicação contemporânea.

# Considerações finais

O TEMA CENTRAL DESTE livro – contextualizar a atividade de relações públicas na contemporaneidade – foi apresentando ao longo dos seis capítulos descritos. A Figura 24 resume este trabalho.

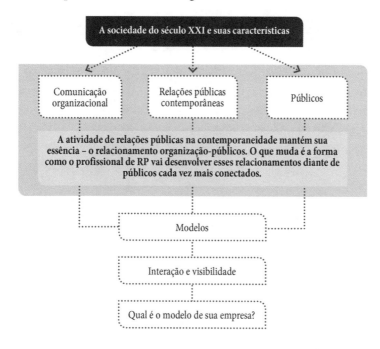

Figura 24

Propositadamente, abordamos, no Capítulo 1, algumas das características da sociedade do século XXI. Nossa intenção foi mostrar que, antes de criar um modelo de comunicação ou fazer um planejamento qualquer, é essencial que o profissional de relações públicas compreenda o "retrato" da sociedade em que a empresa está presente. Os valores da organização, assim como os objetivos de qualquer modelo ou planejamento, precisam estar em sintonia com o que acontece na atualidade, portanto de acordo com aquilo que a maior parte das pessoas deseja receber e saber de uma organização.

A essência da atividade de relações públicas foi detalhada nesta obra nos capítulos 2 e 3. Descrevemos a evolução da comunicação organizacional e o conceito de público a fim de compreender os seus papéis em uma sociedade de relações cada vez mais virtuais.

O Capítulo 4 contextualizou as relações públicas na contemporaneidade ao tratar de internet, de web, do campo das relações públicas e do ambiente digital, relacionando tais temas entre si.

Descrevemos 13 modelos de comunicação e dois de negócio no Capítulo 5 para contribuir no processo de gestão dos profissionais de relações públicas. Como podemos perceber, são diversas as características e estratégias de cada modelo, o que permite ao profissional criar, com base no conjunto de modelos apresentados, o modelo mais adequado para sua empresa.

Finalmente, o último capítulo apresentou tipos de interação e sua relação com a visibilidade. É basilar para o profissional de relações públicas compreender a aplicabilidade dessas duas características. A interação está presente em todos os modelos, sendo intrínseca à atividade de relações públicas. A visibilidade é objeto de desejo de qualquer organização.

Dessa forma, pensar o relacionamento entre uma empresa e seus públicos, na contemporaneidade, requer acompanhar a evolução das tecnologias de comunicação, que cada vez mais simbolizam as relações na sociedade atual. Tal sociedade se expressa pela arquitetura das relações na rede, pela conexão, pelo tempo, pelo excesso de informação, pela aceleração dos processos, pela busca de positividade nas imagens e nos discursos, pela disputa da atenção, pelo compartilhamento do poder da comunicação e pelo próprio espetáculo dos indivíduos e das organizações. Somem-se a isso as relações que se estabelecem nas plataformas de mídias sociais digitais e são dotadas de interação, convergência, integração e simetria – entre outras características que, do ponto de vista das empresas, são estabelecidas de acordo com as estratégias de comunicação adotadas.

Assim, o profissional de relações públicas, responsável pela gestão da comunicação em uma organização, precisa contemplar, em seu modelo de comunicação adotado, o viver contemporâneo de seus públicos, que tem se dado cada vez mais por meio das plataformas citadas. Por conseguinte, a atividade de relações públicas no século XXI está atrelada às tecnologias de comunicação; devendo suas estratégias ou seus modelos de comunicação ser elaborados também com base no potencial de uso dessas tecnologias.

Esperamos que este livro tenha contribuído para profissionais da área e, principalmente, para a formação dos alunos de graduação que estão iniciando sua trajetória profissional. Oxalá eles tenham um melhor entendimento da grandeza da atuação da atividade de relações públicas em uma sociedade digitalizada.

Para finalizar, acreditamos na necessidade de mais estudos sobre o tema central deste livro, visto que o futuro contempla a comunicação e o relacionamento entre pessoas, organizações e objetos. Acrescentamos ainda que o profissional de relações públicas precisa estar preparado para compreender e interpretar dados. Portanto, o futuro tem tudo para ser dos relações-públicas, desde que estes incorporem, na gestão da comunicação, os novos formatos de relacionamento e, claro, sejam apaixonados por aquilo que fazem, assim como é a autora deste livro.

# Referências

ÁLVAREZ, Jesús Timoteo. *Manejo de la comunicación organizacional: espacios, herramientas y tendências en gestión de negocios.* Madri: Ediciones Díaz de Santos, 2013.

ANDERSON, Chris. *A cauda longa: do mercado de massa para o mercado de nicho.* Rio de Janeiro: Elsevier, 2006.

ANDRADE, Teobaldo de. *Para entender relações públicas.* São Paulo: Luzir, 1962.

ARMANO, David; DACHIS, Jeff. Social business design: it's clobberin'time. 2009. Disponível em: <http://www.dachisgroup.com/2009/11/clobber-social-media/>. Acesso em: 12 out. 2014.

BARRICHELLO, Eugênia M. da Rocha. "Apontamentos em torno da visibilidade e da lógica de legitimação das instituições na sociedade midiática". In: DUARTE, Elizabeth Bastos; CASTRO, Maria Lília Dias de (orgs.). *Em torno das mídias: práticas e ambiências.* Porto Alegre: Sulina, 2008.

_____. "Apontamentos sobre as estratégias de comunicação mediadas por computador nas organizações contemporâneas". In: KUNSCH, Margarida M. Krohling (org.). *Comunicação organizacional.* v. 1. *Histórico, fundamentos e processos.* São Paulo: Saraiva, 2009.

BARRICHELLO, Eugênia M. da Rocha *et al.* "Estendendo as práticas de relações públicas sob a perspectiva teórica da ecologia das mídias". In: RUBLESCKI, Anelise; BARRICHELLO, Eugenia M. da Rocha (orgs.). *Ecologia da mídia.* Santa Maria: Facos-UFSM, 2013.

BOURDIEU, Pierre. "O campo científico". In: ORTIZ, Renato (org.). *Pierre Bourdieu.* São Paulo: Ática, 1983, p. 122-55.

_____. *A economia das trocas simbólicas.* São Paulo: Perspectiva, 2013.

BRAIN, David. Transmedia storytelling and the media cloverleaf. 2012. Disponível em: <http://www.edelman.com/post/trans-media-storytelling-and-the-media-cloverleaf-3/>. Acesso em: 15 abr. 2014.

BUENO, Wilson da Costa. *Comunicação empresarial: teoria e pesquisa.* Barueri: Manole, 2003.

CASTELLS, Manuel. "Internet e sociedade em rede". In: MORAES, Dênis (org.). *Por uma outra comunicação: mídia, mundialização cultural e poder*. São Paulo: Record, 2004, p. 255-87.

_____. *A sociedade em rede*. Rio de Janeiro: Paz e Terra, 2011.

CORRÊA, Elizabeth Saad. *Estratégias 2.0 para as mídias digitais: internet, informação e comunicação*. 2. ed. São Paulo: Senac, 2003.

_____. "Comunicação digital e novas mídias institucionais". In: KUNSCH, Margarida M. Krohling (org.). *Comunicação organizacional. v. 1. Histórico, fundamentos e processos*. São Paulo: Saraiva, 2009.

_____. "Centralidade, transversalidade e resiliência: reflexões sobre as três condições da contemporaneidade digital e a epistemologia da comunicação". In: Congresso Internacional Ibercom, XIV, 2015, São Paulo. *Anais*. São Paulo: USP, 2015.

_____. "A comunicação na sociedade digitalizada: desafios para as organizações contemporâneas". In: KUNSCH, Margarida M. Krohling (org.). *Comunicação organizacional estratégica: aportes conceituais e aplicados*. São Paulo: Summus, 2016.

_____. "Uma reconfiguração cultural possível e viável". *Revista Matrizes*, ano 7, n. 1, São Paulo, ECA/USP, 1. sem. 2013, p. 283-89.

CORRÊA, Elizabeth S.; BERTOCCHI, Daniela. "A cena cibercultural do jornalismo contemporâneo: web semântica, algoritmos, aplicativos e curadoria". *Revista Matrizes*, ano 5, n. 2, São Paulo, jan./jun. 2012, p. 123-44.

DEBORD, Guy. *A sociedade do espetáculo*. Rio de Janeiro: Contraponto, 1997.

*Dicionário Eletrônico Houaiss da Língua Portuguesa, versão 1.0*. Rio de Janeiro: Editora Objetiva, 2001. CD-ROM.

DREYER, Bianca. *Relações públicas na gestão das estratégias de comunicação organizacional na sociedade digitalizada: um estudo de caso da Nestlé Brasil S/A*. Dissertação (Mestrado em Ciências da Comunicação) – Escola de Comunicações e Artes da Universidade de São Paulo (ECA-USP), São Paulo, 2014.

EDELMAN & TECHNORATI. Public relations: communications in the age of personal media. 2006. Disponível em: <www.edelman.com/summit07/uploads/bloggersurvey_final_public_relationships.pdf>. Acesso em: 6 set. 2007.

FARIAS, Luiz Alberto de. "O campo acadêmico do ensino e da pesquisa em comunicação organizacional e relações públicas no Brasil". In: KUNSCH, Margarida M. Krohling (org.). *Comunicação organizacional. v. 1. Histórico, fundamentos e processos*. São Paulo: Saraiva, 2009.

FERNANDES, B. R. "História das relações públicas: surgimento e consolidação na América do Sul". In: FARIAS, L. A. de (org.). *Relações públicas estratégicas: técnicas, conceitos e instrumentos.* São Paulo: Summus, 2011, p. 21-49.

FOUCAULT, Michel. *Vigiar e punir.* Petrópolis: Vozes, 1986.

FRANÇA, Fábio. *Públicos: como identificá-los em nova visão estratégica.* 3. ed. São Caetano do Sul: Yendis, 2012.

GRUNIG, James E. "Two-way symmetrical public relations: past, present, future". In: HEALTH, Robert L. (org.). *Handbook of public relations.* Califórnia: Sage, 2001.

_____. "Paradigms of global public relations in an age of digitalization". *Prism*, v. 6, n. 2. University of Maryland, 2009. Disponível em: <http://praxis.massey.ac.nz/prism_on-line_journ.html>. Acesso em: 23 mar. 2016.

GRUNIG, James E.; FERRARI, Maria Aparecida; FRANÇA, Fábio. *Relações públicas: teoria, contexto e relacionamentos.* 2. ed. São Caetano do Sul: Difusão, 2011.

GRUNIG, James E.; HUNT, Told. *Managing public relations.* Orlando: Harcourt Jovanovich College Publishers, 1984.

HAN, Byung-Chul. *A sociedade da transparência.* Lisboa: Relógio D'Água, 2012.

INTERNET INNOVATION. Disponível em: <http://www.internetinnovation. com.br/blog/como-sera-a-web-4-0/>. Acesso em: 30 mar. 2014.

JENKINS, Henry. *Cultura da convergência.* São Paulo: Aleph, 2009.

JENKINS, Henry; FORD, Sam; GREEN, Joshua. *Spreadable media: creating value and meaning in a networked culture.* Nova York: New York University Press, 2013.

\_\_\_\_\_. *Cultura da conexão: criando valor e significado por meio da mídia propagável.* São Paulo: Aleph, 2014.

"JÉRÉMY BENTHAM" (panóptico de Bentham). In: NEVES, Fátima Maria. *Glossário HISTEDBR.* Disponível em: <http://www.histedbr.fe.unicamp. br/navegando/glossario/verb_b_jeremy_bentham.htm>. Acesso em: 30 maio 2016.

KARHAWI, Issaaf. *Espetacularização do Eu e #selfies: um ensaio sobre visibilidade midiática.* Comunicon, n. 5. São Paulo: Escola Superior de Propaganda e Marketing, 2015.

KUNSCH, Margarida M. Krohling. *Relações públicas e modernidade: novos paradigmas na comunicação organizacional.* São Paulo: Summus, 1997.

_____. *Planejamento de relações públicas na comunicação integrada.* São Paulo: Summus, 2003.

_____. "Os campos acadêmicos da comunicação organizacional e de relações públicas no Brasil". In: KUNSCH, Margarida M. Krohling (org.). *Relações públicas e comunicação organizacional: campos acadêmicos e aplicados de múltiplas perspectivas.* São Caetano do Sul: Difusão, 2009a.

_____. "Percursos paradigmáticos e avanços epistemológicos nos estudos da comunicação organizacional". In: KUNSCH, Margarida Maria Krohling (org.). *Comunicação organizacional. v. 1. Histórico, fundamentos e processos.* São Paulo: Saraiva, 2009b.

LATTIMORE, Dan *et al. Relações públicas: profissão e prática.* Porto Alegre: AMGH, 2012.

LEMOS, André. *A comunicação das coisas: teoria ator-rede e cibercultura.* São Paulo: Annablume, 2014.

MICELI, Sergio (org.). "A força do sentido". In: BOURDIEU, Pierre. *A economia das trocas simbólicas.* São Paulo: Perspectiva, 2013, p. 7-61.

MONTARDO, Sandra Portella. "Conteúdo gerado pelo consumidor: reflexões sobre sua apropriação pela comunicação corporativa". *Revista Brasileira de Ciências da Comunicação.* São Paulo, v. 33, n. 2, jul./dez. 2010, p. 161-80.

OLIVEIRA, Rosy Mara (org.). *Manual para apresentação de trabalhos científicos: TCCs, monografias, dissertações e teses (atualizado conforme a ABNT NBR 6024:2012 e 6027:2012).* Barbacena: Unipac, 2014. Disponível em: < http://www.unipac.br/site/bb/guias/manual_de_normalizacao2014.pdf>. Acesso em: 30 maio 2016.

OSTERWALDER, Alexander; PIGNEUR, Yves. *Business model generation – Inovação em modelos de negócio: um manual para visionários, inovadores e revolucionários.* Rio de Janeiro: Alta Books, 2011.

PERUZZO, Cicilia M. Krohling. *Relações públicas no modo de produção capitalista.* São Paulo: Cortez, 1982.

_____. "Da aparência à essência das relações públicas: abordagem na perspectiva da teoria crítica e do modo de produção capitalista". In: KUNSCH, Margarida M. Krohling (org.). *Relações públicas: história, teorias e estratégias nas organizações contemporâneas.* São Paulo: Saraiva, 2009, p. 157-83.

PHILIPS, David. A Grunigian view of modern PR. 2009. Disponível em: <http://leverwealth.blogspot.com.br/2009/01/grunigian-view-of-modern-pr.html>. Acesso em: 20 abr. 2016

POPOVA, Diana. Can PR 2.0 be explained? 2012. Disponível em: <http://research.bfu.bg:8080/jspui/bitstream/123456789/366/1/BFU_2012_T_XXVII_%20Popova.pdf>. Acesso em: 15 mar. 2014.

RAPOSO E SILVA, João Francisco. "Prosumers e o consumo na sociedade em rede: como a colaboração pode mudar as empresas". *Congresso Abrapcorp*, n. 10. São Paulo: Universidade Anhembi Morumbi, 2016.

RECUERO, Raquel. *Redes sociais na internet.* 2. ed. Porto Alegre: Sulina, 2011.

RUBEL, Steve. The Edelman cloverleaf forecast: strategies that extend the lyfecycle of a narrative. 2016. Disponível em: <http://www.edelman.com/post/edelman-cloverleaf-forecast/>. Acesso em: 28 out. 2016.

SANTAELLA, Lucia. *A ecologia pluralista da comunicação: conectividade, mobilidade, ubiquidade.* São Paulo: Paulus, 2010.

SIMÕES, Roberto Porto. *Relações públicas: função política.* São Paulo: Summus, 1995.

SOLIS, Brian. PRWeek claims industry enters age of PR 3.0. They couldn't be more wrong. 2007a. Disponível em: <http://www.briansolis.com/2007/04/prweek-claims-industry-enters-age-of-pr/>. Acesso em: 20 mar. 2014.

_____. PR 2.0 is not web 2.0. 2007b. Disponível em: <http://www.briansolis.com/2007/02/pr-20-is-not-web-20/>. Acesso em: 20 mar. 2014.

SOLIS, Brian; BREAKENRIDGE, Deirdre. *Putting the public back in public relations: how social media is reinventing the aging business of PR.* Nova Jersey: Pearson Education, as FT Press, 2009.

STASIAK, Daiana. *Visibilidade e interação na era da cibercultura: novas propostas comunicacionais para as organizações.* Congresso Abrapcorp, n. 8. Londrina: Universidade Estadual de Londrina, 2014.

TERRA, Carolina Frazon. *Usuário-mídia: a relação entre a comunicação organizacional e o conteúdo gerado pelo internauta nas mídias sociais.* Tese (Doutorado em Interfaces Sociais da Comunicação). Escola de Comunicações e Artes da Universidade de São Paulo, São Paulo, 2010.

_____. *Mídias sociais – E agora? O que você precisa saber para implementar um projeto de mídias sociais.* São Caetano do Sul: Difusão; Rio de Janeiro: Senac Rio, 2011.

TOFLER, Alvin. *A terceira onda.* Rio de Janeiro: Record, 2011.

THOMPSON, John B. *A mídia e a modernidade: uma teoria social da mídia.* 15. ed. Petrópolis: Vozes, 2014.

TRIADÚ, Jordi Xifra. Conferência de abertura do IX Congresso Abrapcorp. Disponível em: <https://www.youtube.com/watch?v=ZkACPpF44Lo>. Acesso em: 25 maio 2016.

"WEB 1.0". *Wikipédia.* Disponível em: <http://pt.wikipedia.org/wiki/World_Wide_Web#Web_1.0>. Acesso em: 22 mar. 2014.

XIFRA, Jordi. Conferência de abertura do IX Congresso Abrapcorp. Pontifícia Universidade Católica, Campinas, 13 de maio de 2015. Disponível em: <https://www.youtube.com/watch?v=ZkACPpF44Lo>. Acesso em: 25 de maio de 2015.

# Agradecimentos

A lista de pessoas queridas que moram no meu coração é grande. Gostaria de poder citar cada uma delas. No entanto, vou me concentrar, aqui, naqueles que fizeram parte deste projeto.

Em primeiro lugar, e com destaque especial, agradeço ao meu marido Márcio, pelo companheirismo, pela paciência e pela amizade. Seu apoio e compreensão foram fundamentais neste período tão conturbado de atividades e prazos apertados. Em todos esses momentos eu tive mais que um marido. Eu tive um conselheiro e um confidente. Eu tive um parceiro de verdade.

Ao meu filho, Guilherme, agradeço por ele compreender, mesmo que na minha esperança, as noites em que não pude lhe contar uma historinha e aqueles finais de semana em que tive de pedir ajuda para cuidar dele. Quero que ele tenha orgulho da mãe que tem, por isso prefiro acreditar que escolhi o caminho certo.

À minha mãe, Cristina, agradeço por ela sempre me socorrer nos momentos de angústia e aperto. De suas comidinhas deliciosas ao seu cuidado e carinho pelo Guilherme, tudo me alegrava e tranquilizava.

Ao meu pai Ayrton (*in memoriam*), pelo exemplo de determinação, garra e superação que sempre foi pessoal e profissionalmente. Aprendi muito com ele e essas características fazem parte da minha vida hoje. O melhor de tudo é saber que volta e meia o sinto por aqui.

A Rizonete, mais conhecida como super Rizo ou Nete, por trabalhar comigo e cuidar do Gui com um amor realmente especial.

A Beth Saad, minha orientadora, chefe e amiga. Agradeço por iluminar minha vida profissional e me dar a certeza dos caminhos escolhidos. Não posso deixar de registrar aqui sua paciência com meus incontáveis atrasos, mas fica aqui a promessa pública de melhora.

À Arbore Editoração, a Heloisa Helena e a Valeria Souza, por aceitarem meus pedidos de última hora para infográficos e revisões em geral.

Às minhas amigas, especialmente a Raquel e a Nice, por estarem, de alguma forma, sempre presentes e compreenderem minhas ausências.

Por fim, aos meus alunos, especialmente da graduação da Faculdade Cásper Líbero, por me ensinarem sempre coisas novas, por me permitirem inovar e experimentar nas aulas e, sobretudo, por me darem a certeza do meu amor à minha profissão.

www.gruposummus.com.br

**IMPRESSO NA** GRÁFICA sumago
**sumago** gráfica editorial ltda
rua itauna, 789  vila maria
**02111-031**  são paulo  sp
tel e fax 11 **2955 5636**
**sumago**@sumago.com.br